별밤의 추억

김가용 제9시집

문학공원 시선 266

별밤의 추억

김가용 제9시집

문학공원

책을 내면서

일천여 편의 다작(多作)을 하다 보니 내용이 중복되거나 비슷한 사례가 있을 줄 믿습니다.

고향(故鄕)의 추억(追憶)과 동심(童心)에 치우치다 보니 동일(同一)한 내용이 많을 것으로 사료되는 바, 이해를 바랍니다.

전깃불도 없는 시골 벽항 궁촌에서 어린 시절 소먹이고 꼴 베며 나무하던 시절의 소박한 시골 인심이 그립습니다.

귀소본능이라고 할까요? 나이가 팔십 중반으로 달리다 보니 고향의 애착과 그리움은 새롭기만 합니다.

타향(他鄕)에서 생활(生活)하신 향우님이 많으시기에 동감하실 분 많으시리라 사료됩니다.

건강하시고 가정의 평안을 빕니다.

고향(故鄕)에 계신 부모님(父母님), 형제자매님의 평안하심을 빕니다.

2025년 여름

김 가 용

차례

책을 내면서 … 5

1부
낮에 나온 반달

낮에 나온 반달 … 12
꿈속에서나마 … 14
그림자 … 16
오늘 … 18
꿈 … 19
회상 … 20
꿈꿔왔던 가정 … 21
사랑하는 마음 … 22
사랑 그리고 시 … 23
사랑 … 24
한 편의 시가 태어나기까지 … 25
부푼 꿈 허무만 남아 … 26
미완성 … 27
색소폰 연습 … 28
꿈 … 29
마음의 그릇 … 30
내 마음의 쉼터 … 31
삶의 무게 … 32
길 … 33
참사랑 … 34
너를 위해 … 35
꿈속의 그 옛날 … 36
심연 저 깊은 곳에 … 37
거부하고 시샘하며 … 38
일상의 TV … 39
오랜 산고 후 태어난 '시' … 40
망중한 … 42

2부
인생꽃

인생 여정 … 44
인생 고개 … 45
인생무상 구름처럼 … 46
함께 가야 할 … 47
습관 … 48
걱정 … 49
중추절 앞두고 … 50
그릇 용도에 따라 … 51
되돌릴 수 없기에 … 52
진주 … 53
찰나에 속고 … 54
못난 삶 … 55
낭만을 잊고 산 세월 … 56
한으로 남는 … 57
외로움 … 58
부질없는 … 59
당신 … 60
인격 형성 과정 … 61
욕구와 성취 … 62
용서 … 63
거미줄처럼 얽힌 … 64
파도 … 65
허무 … 66
반성합니다 … 67
인생꽃 … 68
석양(夕陽)에 서서 … 69
그리운 옛 낭만 속 … 70

3부
들국화 피고 지고

봄꽃의 추억 … 72
입춘(立春) … 73
봄꽃 피고 지고 … 74
수양버들 벚꽃 … 75
벚꽃 눈 아시나요 … 76
자연 속 잎새 … 77
이슬비는 내리고 … 78
내 어릴 적 여름밤의 정취 … 79
날씨 … 80
계절 물들고 … 82
연꽃 … 83
젊음의 번뇌 … 84
아! 가을 … 85
풍요의 가을 … 86
들국화 피고 지고 … 87
조락하는 낙엽 … 88
꽃단풍 … 89
단풍잎 이변 … 90
둥그레 당실 덩그렝 당실 … 91
별을 헤며 … 92
추억도 함께 … 93
동장군 … 94
우수와 경칩 사이 … 96
광릉내 숲길 … 97
봉선사 … 98
은행나무 … 99
기상이변 … 100
화이트 크리스마스 … 101

4부
고향 그 바다

어머님의 추억(追憶) … 104
아버지의 변화 … 105
동심과 변명 … 106
옛 고향의 변모 … 107
정월대보름 당산제 … 108
회상 … 109
별밤의 추억(追憶) … 110
동창 모임 … 111
고향 그 바다 … 112
향수(鄕愁) … 113
놀이터 풍경 … 114
나태해지는 심신 … 115
영원이란 없다 … 116
해묵은 옛날 … 117
향수는 끝이 없이 … 118
사랑 … 119
당산나무 … 120
童心과 함께 … 121
추억의 바다 … 122
연말을 맞아 … 123
새날 새 아침 … 124
70년 전 우정 박춘웅 친구 … 125
아픈 유고식 사고 … 126
부모님의 추억 … 127
어버이날 … 128
망향(望鄕) … 130
빛이 강할수록 그림자 짙다 … 132
5月에 부쳐서 … 134
내 고향 산정 … 136

5부
그땐 그랬지

118기 동기들이여! … 138
우리도 우대받을 권리가 있다오 … 140
옛날 회고하면서 … 142
재경 망주초등학교 총동문 야유회 … 144
최강 해병의 자부심 … 145
국회의 선량님들이여 … 146
한강 노벨문학상의 쾌거 … 148
2024년 파리 올림픽 금메달 영웅들 … 149
광릉친정례(光陵親亭禮) … 150
향우회 송년모임 … 151
여행 … 152
그땐 그랬지 … 153
날 깨우는 채찍 … 154
불기 2568년 부처님 말씀 … 155
서당과 훈장님 … 156
118기 군대동기 … 157
원망뿐인 … 158
방황 … 159
머나먼 행복 … 160
실패한 인생의 탄식 … 161
불광천 한때 … 162
얼룩진 가계부 … 163
해맞이 해넘이 … 164
스포츠 중계 후 실망 … 165
애수의 어느 날 … 166

〈작품해설〉 … 170
김순진 - 노병은 죽지 않는다, 다만 시를 쓸 뿐

1부
낮에 나온 반달

낮에 나온 반달

반쯤 남은 걸까
반이나 생긴 걸까
보일 듯
보이지 않는 신기루
푸른 하늘 하얀 반달
가물거린 추억 속
먼 나라 가신 어머니 닮았다

누가 추억을 아름답다 했는가
슬픔 괴로움 중
아픔이 더 많았던
한으로 멍울진 삶
쌓여있는 과거들
망각하고픈 나날
경건해지는 마음

살아온 나날들
나아갈 앞날
보일 듯 희미한
안개 속 뿌우연

기억과 상상 속
꿈속 같은 길이기에
모두가 희미한 신기루

꿈속에서나마

소곤대는 목소리
상큼한 향기
사뿐히 오는 발걸음
따스한 품 그리워
참사랑 님 그리며
사시사철 꿈꾸며
기도하며 두 손 맞잡았습니다

밤이 주는 적막
내동댕이쳐진 게 두려워
밤이 두려웠습니다
애증의 시간
두려운 세월
인고의 30여 년
덧없이 흘렀습니다

영산홍꽃 피는데
아린 시간 깨진 꿈
애태우는 긴박함
'영원히'라는

대명사에 숨고
현실이 주는 아픔 속
오늘을 삽시다

그림자

내 몸 일부인 듯
항상 함께하는 너
젊은 시절 팔팔할 땐
너도 활기롭더니
세월 내려앉아 백발이 되니
너도 검은 망토 입고
느려지는 따라쟁이

꿀은 내가 먹고
너는 벙어리 되어
땅 무대 삼고 뒷전에 숨어
하루 종일 흐물대며
돌고 도는 슬픔 지녀
앞서거니, 뒤따르며
종일 함께 한다

한낮 투명하여
작아지다가
해 질 녘 길게 드리워
너도 지쳤는지

어둠과 함께 꿈나라 들고
다음 날 아침 침대 걸쳐 앉으니
너도 따라나설 준비를 한다

오늘

희미한 기억
복잡한 머릿속에서도
꿈이 자라고 있었나 보다
당신이 생각나고
무료한 오늘을 살며
서툰 방법으로
시간과 씨름하고
지혜를 모은다

평범한 삶
하루하루 움직일 수 있는
감사함 고마움에
하루 일과 짜이고
실천하는 능력
남과 비교할 수 없다
행운으로 자리매김하는
오늘이 고맙다

꿈

익숙한 듯 서툰
열심히 걸어보지만
팔만 휘젓고
앞으로 나아가지 못한 당신

오라는 곳 없는데
뭐가 그리 바쁩니까
하얀 머리 굽은 등 위로
무심히 흐르는 구름

흑백사진 같은
머언 과거로의 여행
불러올 길 막연하여
꿈만 먹고 사나 보오

용서도 못하고
활보도 못한 채
울고 웃는 그날들
추억이라 칭하오

회상

기억 속 남아 있는
한 장 필름처럼
소박한 마음 담아
옛날 잊지 못해
회상하는 세월 한 자락

그리움 한 조각
미완으로 남겨진 채
믿음 사라진 마음 한 켠
옛날 그리는 석상 되어
하염없는 먼산바라기

꿈인 양 희미한
가는 길 더딘
옛 동심 그리워
덧없던 인심도
반복해서 되돌리는…

꿈꿔왔던 가정

얼마간의
고통스러움
감내하기로 했다
고달프고 힘들어도
훈훈한 정 넘치는 곳

살벌하고
피폐한 삶
상징적으로나마
남들이 부러워하는
평범한 가정이고 싶었다

외로움 없는
행복 길들여진
보통 삶 속 궁궐
타인보다는
좋을 거라는 생각으로 살고 싶었다

사랑하는 마음

사랑이 있으면
동서남북 밝은 세상
행복 기웃거리는
발걸음 가벼운
웃는 얼굴

어두움의 세상
희망이 숨 쉬고
꿈 자라는 요술
그리운 추억 하나
고이 간직하는 무지개

진한 아픔 그리움
혼자만의 마음속
머무는 순간
봉오리 맺혀
곱게 피어나는 황혼녘 그리움

사랑 그리고 시

편하고 좋을 땐
아무 생각 나지 않다가
괴롭고 슬플 땐
생각이 떠오릅니다
오늘따라 불현듯
외로움 엄습해 펜을 듭니다

어쩌면
'시'도 마찬가집니다
외롭고 허전해서
습관처럼 펜을 들고
샘솟는 시심
넋두리 나열합니다

갈 곳 잃은 마음
덩달아 함께
사무치는 마음속 사랑
나도 몰래 찾아든 뒤안에서
어깨동무 벗하듯
끝없는 꿈을 꿉니다

사랑

소담하게 피는 꽃
지는 슬픔의 깊은 늪
영영 오지 않을
그리움 남기고 간
신기루 같은 사랑

주고 싶고 받고 싶은 사랑
점점 멀어져
아지랑이 같은 그늘에 숨고
비켜간 화살처럼
희미하게나마 사모곡 울려퍼진다

한겨울 눈 속에 핀 동백처럼
끈질긴 사랑
간절한 욕구 똬리 틀고
자로 잴 수 없는 먼 거리
한 세상 꿈속의 꿈

한 편의 시가 태어나기까지

사랑과 관심
싹틔워가는 소망, 꿈
내 안의 웃음, 사랑, 눈물
희로애락 찾아오고
부수적으로 감정도 기웃거려
온갖 상상 동원되어
떠도는 구름 잡기도 합니다

잘 정돈된 언어의 그림이며
순수한 꿈의 열매다
끊어질 듯 이어지는
가냘픈 귀뚜라미 울음
폭풍우 몰아치는 엄동설한
선택된 결정체 되며
한 폭 그림의 상상화입니다

부푼 꿈 허무만 남아

모처럼
좋은 꿈 꾸었다고
복권을 산 후
희망에 부풀어
1등 당첨된 양
고향발전기금 0억
0단체 0억 등
상상의 나래 가슴 두근댔다

연분홍 꿈 부풀고
장대한 꿈 잠마저 설치고
발표 후엔 언제나 허탈
좌절한 모습 현실
모두 잊고 또 반복
정처 없는 길냥이 마냥
되돌아오는 허무

미완성

뜻대로 가지 않는 몸
흐느적대며 발돋움해 본다
희미한 기억 찾아
이국처럼 낯선
소망의 토대 위 성장하고
방향 잃은 원망이나마
하늘 향한 마음

잘못 반성 성찰
성숙되지 않는 인생 항로
미완성 육체와 정신
구릉과 태산 지나
현재와 다툼하지 않고
바보처럼 몸 낮추며
기회주의자가 된다

색소폰 연습

들숨에 호흡하며
날숨 숨 고르며
고운 소리 낸다
반복된 롱톤
도레미파 운지 연습
좋은 소리 조율 속에
연습 매진하나
진척되지 않는 음의 연속
반복 속에 명인은 탄생하나 보다

흐르는 세월 속
늘어나는 주름과 백발
취미라고 하기엔
요원한 기대 속에
인내의 시간 흘러
좌절 수십 번
반복된 끈기와 노력
끝이 없는 종착역
아스라이 멀어지는 고난의 시간

꿈

젊은 시절
산업 전사로
옅은 꿈이었는데
꾸고 싶은 꿈
다 어디로 가고 없다

늘그막 요즘
깊은 잠 자기 위해
늦게 잠자리 들지만
반복되고 허황된
꿈속을 헤맨다

활기차고
편안한 꿈 아쉬워
끊임없이 노력해도
반복된 야릇한 꿈
피곤의 연속이다

마음의 그릇

아름다운 화분처럼
예쁜 그릇이고 싶다
물은 그릇에 따라
모양 바꾼다고 하는데
물을 닮은 내가 되고 싶다

무수히 반짝이는 별
둥근 달 되어
비추고 싶은데
과연 어떤 모습으로
타인에게 비출까

괴로움 슬픔 없는
즐거움만 있는
행복 담는 그릇 되고
포근함 담는
예쁜 그릇이고 싶다

내 마음의 쉼터

굴뚝 피어오른 저녁 연기
쿵덕쿵 절구 방아 정답고
초가지붕 위 하얀 박꽃 수줍고
텃밭 주렁주렁 고추 가지
암탉 알 낳았다 꼬꼬댁
두둥실 떠가는 뭉게구름
빨랫줄 열 지은 제비 행렬

빡빡머리 검정고무신
나비 너훌너훌 춤추고
고추잠자리 한가로이 날던 곳
놀랍도록 발전한 문물 홍수
시대에 맞춰 살아온 나날
그리움으로 남은 동심의 추억
아 그리운 옛날이여!

삶의 무게

등 휘어 구부러지고
희미해진 눈 먼 산 바라기
흔들거려 제구실 못하는 이
후들거리는 다리 비틀대는 몸
오랜 세월 써먹었다 원성 자자
위로 방법 몰라 허둥지둥대고
잊어질 듯한 기억 수시로 드나들고
어르신이란 미명 아래 하루살이 삶
일엽편주 허허로운 몸
오르막길 힘겨워하면서도
가야 할 길이기에 용기를 내어
하소연할 곳 없어 속앓이 하는
하루를 맞이하고
속절없이 보냅니다

길

못남 자성할 줄 모르고
살며시 찾은 나만의 길
이루지 못한 욕망 끝없고
참된 인생 사는 길
허무와 서글픔 남긴 후
아프면서 성장하는
동경하는 미지의 세상

밤 열차 기적 같은
삭막하고 쓸쓸한 허울
지나고 난 후 후회하며
없는 길 찾는 어리석음
자만하는 찰나에 속아
나이테 남긴 나무 되어
나만의 길 묵묵히 걷는다

참사랑

한 손 가득
고운 모래
소복하게 쌓이더니
욕심내어
꼬옥 쥐어보니
어느덧
모래는 다 빠져나가고
빈 주먹만 남았네요

예쁜 꽃 보면
꺾고픈 욕심
혼자 차지하고픈
본연의 욕심 때문
모두 잃어버린 후
허공 바라보는 우를 범하고
뒤늦은 후회를 한다
참사랑 잃고 난 후에

너를 위해

꿈 잃어버린
공허한 순간
한 서린 소망
명상에서나마
사랑의 향기에 젖어
그리운 추억을
솜털같이 때 묻지 않는
순백의 세계로
너를 찾아간다
너를 향한 마음
오염될까 두려워
걱정하면서도
펼쳐보는 염원 담긴 편지
고요한 영시에
살며시 꺼내 보는
마음 한 자락
두려움 숨기면서
당신께 보냅니다

꿈속의 그 옛날

초승달 수줍게
서편 하늘 떠 있고
수제비 죽그릇
이웃집 처마 밑 담 넘고
품앗이 훈훈한 인심
초가지붕 박꽃 활짝 웃는 풍경화
두런두런 이야기 덕석 위에 피었다

전기 없는 희미한 마당
호롱불 아래 머리 마주한 누나
횃대 보 수예 놓기 한창
버스 없는 비포장 무거운 고막이고
십리 길 동강장 삼십 리 벌교 장까지
물 긷고 밭일 하신 어머님의 모정
세월의 수레 속에 그리워 눈물진다

심연 저 깊은 곳에

아무에게도
말 못한
혼자만의 넋두리
차마 꺼내지 못하고
숨겼던 고통
비밀로 간직한 채
아프게 살아왔습니다

심산계곡 스산한 삭풍처럼
시린 마음속 얼룩지고
어루만지고 달래며
백합 향 그윽한
희망의 내일 위해
잠자는 심신 깨워
살아갑니다

거부하고 시샘하며

웃자란 새순
맴도는 환영들
새색시 수줍은 옷고름 속
그리움 한 줌
땀 젖은 등저고리
스치는 세월의 바람결

새벽 조각달 떠 있는
고즈넉한 풍경
창에 부딪힌 눈 사그락대는
잔잔한 설레임
산들바람에 우짖는
갈대의 통곡

일상의 TV

주야 함께하는 TV가 고장
주어진 일상 나사 하나 빠진 듯
평소 느끼지 못한 허전함 속
나 홀로 덩그렇게 시간은 가고
누군가를 그리워한다

잊고 살았던 첫사랑 그립고
고달팠던 옛 추억도 새롭다
만추의 낙엽 불현듯 연민을 느끼고
나를 뒤돌아보는 허무와 반성
나와 벗 삼아 함께한다

째깍대는 초침 초조한 일상
부푼 희망도 잠자는 듯
아무런 해법 없이 흘러만 간다
안간힘 속 발버둥치며
모순의 삶 되돌아본다

오랜 산고 후 태어난 '시'

상상의 나래
반복되는 번뇌
욕망 한이 없고
방황하다 놓친 사연
속울음하고
주야 구분 없이
숨을 불어넣는 작업

요동치는 세월
백발 성성하고
오랜 침묵 속 싹터
장고 끝 결실로
백지 메우지만
미숙아의 아픈 마음
절름발이였다

혹독한 값 치르고 태어난
정화되지 못한 시어
산고의 아픔 속
한 편 "시"가 태어나기까지

숱한 노고 결과 쌓여
미완성 연속
미진함이어라

망중한

달빛 곱고
별 조는 하늘
간직한 희망
기지개 켠 채
가만히 하루를 마감한다

몸 따로 생각 따로
상반된 하루
바쁜 듯 호젓한
평범한 일상
주어진 시간표였소

몸은 한가로운데
생각은 바쁘고
갈 곳은 없는데
어눌한 발걸음만
부산한 하루였소

2부

인생꽃

인생 여정

뒤뜰엔 풀벌레 울고
만월은 기울고 차길 반복하는데
허영 속 꾸던 꿈 사실 되길 바라고
애태워 그리던 몽상
눈 감고 회상해본다

어쩌면 나의 뜰엔
삶의 여정 항상 함께하고
꿈 익어갔나 보다
험준해 보이는 고개도
넘고 보니 별 게 아니고
평범한 일상이었더라

인생 고개

헤아릴 수 없는
수많은 고개
뒤돌아보기도 힘겨워
조용히 눈을 감았다

싫고 좋은 사람
사이 중간에서
가늠조차 어려워
고개 좌우로 돌렸다

지나고 난 후
꿈 깨고 보니
그리움만 사무쳐
눈시울 적신다

인생무상 구름처럼

바람 따라
구름 따라
하얀 머리 잔주름
검버섯 핀 얼굴
노을 속에
지난 세월
꿈같이 흘렀소

이젠
산수가 지났으니
덤이 아니겠소
내일 모르고
삶도 모른 체
흘러가는 게
우리 인생 아니겠소

함께 가야 할

불청객
피곤 찾아와
똬리를 틀었나 보다
"안녕" 고할 때 지났는데
도통 물러갈 기미 안 보인다

나이가 가져온
달갑지 않은 손님인가
혼자만의 고통 아니었다
세월 따라 으레 오는
통과 의례라나

지팡이 의지한 채
부자연스러운 노년들
쓰라린 삶의 잔재
함께 벗하며 가야 할
곡예 속 슬픈 숙명의 훈장

습관

몸에 밴 근검절약
쓰길 거부하는
애증의 세월 잔재
종잣돈인 듯
마음 깊이 간직하고
모름지기 몸에 밴
애착을 갖는 버릇
시름의 한평생

환상과 더불어
천 년을 살 듯
종착역 모르고
단풍잎 곱다 하고
칭송하며 바라만 봅니까
정처 잃은 눈동자
애처로이 젖는구료
감회에 젖은 채

걱정

자연 탓인가
인류의 재앙인가
날씨가
심술을 부리고 있다

열대야의 심술
9월로 접어든
초반이 지났지만
꺾일 줄 모른다

예견된 이변
결코 아니련만
초조와 불안
지울 수 없다

시원해야 할 가을
덧없는 세월
뉘 탓하랴만
현실은 불안하고 두렵기만 하다

중추절 앞두고

명절이면
생각에 젖는다
이는 고통이다
고통은 곧 추억이며
아련한 그리움이다

새삼 늦은 나이
살벌한 주위 탓
옛 사랑 그립고
외로움 어인 일인가
현실 때문인가

산들바람에 시리고
들꽃 처연한데
기쁜 소식 슬픈 사연도
남의 일만 같은
생각 때문인가

그릇 용도에 따라

넘실대는 파도
무수한 별빛도
덩달아 일렁이고
이 세상 모든 향기
어루만지고
스쳐 지나간다
우리 사이 하는 말
감싸는 아성
사랑이 곱게 익어갑니다

순금으로 만든 그릇
용도에 따라
값진 쓰임 비교함에
담는 그릇 따라 달라진 세상
동일한 사람도
행동 말에 따라
품위의 전달이
값으로 매김 되는
냉엄한 세상 인심

되돌릴 수 없기에

되돌아봐도
현실에도
꿈속에서라도
보옥 같은
그리움의 순간

추억이 아름다운 건
되돌아갈 수 없고
자꾸 희미해 가는
별똥별 같은
봄 아지랑이 속 꿈

이미 보냈기에
이젠 못가기에
더욱 그리운
조각조각 난 시련
뽀얀 먼지 속 안개 사연

진주

참사랑 그리며
헤매온 오랜 세월
희망조차 두려워
감은 눈 눈동자 위에
모진 설움 쌓여
가슴이 무겁습니다

그 많은 사람 속
흑진주 꼭꼭 숨어
애태우는 많은 날들
꼬인 실타래처럼
어려움의 연속
꿈마저 시들어갑니다

찾기가 힘들어
지치기 일쑤
모정 스민 연민
그리며 사모하는
오직 한 사람
그리다 그리다 지쳤습니다

찰나에 속고

잃어버린 시간
방황하는 사이
별똥별 되어
찰나에 스러지고
오지 않는 과거 일들
무심히 흘러보내고
복병처럼 숨어 우는
허공에 머문 인심

깨진 환상 부스러기
뿌연 연무 먼 길 돌아
가야만 할 길 얄밉다
잊혀질 사연들
우왕좌왕 헤메고
아련한 미진한 남아
가슴을 저민다

못난 삶

불러도 올 수 없는
머언 그리움
그냥 그래도
힘겨운 인생의 무게
속마음 답답할 때
변화무쌍
극히 작은 바람 하나까지
손사래 친다

밖으로 내모는 회상
웃자란 생각 잘라내고
새날을 꿈꾸었나 보다
문제는 내 생각 속에 있는데
남이 해결 바라는 못남
은연중 있지 않았나
우매한 생각 속
편리함이었다

낭만을 잊고 산 세월

꿈 부자였으니
감성 접고
기대한 만큼 성장하고
무념의 생각으로
새날만 바라보며
밤잠마저 반납하고
간곡한 마음 담아
이루어지길 빌어본다

허허로운 벌판
다듬이질하는 심정
아픈 마음 어루만져
고이 껴안아
달래주고 싶다
소외된 삶이나마
잊혀진 동심 찾아
다독이고 싶은 마음

한으로 남는

단 한 번도 아닌
두 번
세 번의
잘못된 생각들
지나고 나니
반성과 후회로
천추의 한으로 남았다

결과가 가져온
현실의 삶
외로움 자처하는
끝없는 수렁
허물의 늪
후회도 자책도
소용없는 결과였다

외로움

김 서리고
온기 없는 방
으스스하다
언제부터인가
부산함 잊고
서성이는 버릇 몸에 배어
침대 모서리에 몸을 걸친다

고개 들어
두둥실 떠가는
하얀 구름을 본다
말문 어디 가고
여느 날과 같은 침묵
바람빠진 풍선처럼
삶의 보따리 흩어져 있다

부질없는

누구에게나 있는
첫사랑의 감미로움
연분홍 그리움 한 줌
간직하지 않는 이 있을 소냐

오랜 세월 잊지 못할
고마움과 감사
비수되어 파고드는 원망
지난 일상 하나인데

혼자의 슬픔인 양
실의에 몸부림치고
연속된 고통 절망
세상만 원망했다

부려보는 만용
철없는 행동
산처럼 쌓인 추억
무심한 세월만 오고 간다

당신

당신 향한 이 사랑 어쩌려고
그리운 정만
남겨놓았습니까
뜨거운 열정 바라지 않습니다
싱그런 아침 이슬이고 싶습니다

떠가는 구름 같이
둥근 달처럼
아름다움으로
고독한 나그네 비춰주며
뼈 깎고 피 말리는 고통
제발 없게 해주세요

지쳐버린 육신
싸늘히 식은 가슴
하릴없는 돌처럼
먼 하늘 바라기
긴 밤 뒤척이는 나를
용서하시기 바랍니다

인격 형성 과정

꽃 피워보지도 못한 채
지은 죄 또 짓는
어리석은 모습
인정 치우쳐 사위어가는
모순의 삶

희망과 행복
그리움과 사랑
아름다운 꽃 되어
순수함으로
오늘까지 살아왔다

인격의 과정
말과 행동
행동은 곧 성품으로
성품은 인격의 완성체
완성은 곧 나 자신 아니겠나

욕구와 성취

하늘 높은 줄 모른 욕구
하고 보는 젊음의 만용
밤을 낮 삼던 수많은 날들
지나고 나니 아득히 먼 길
망설일 겨를 없는 용기
기쁨보다 후회가 더 많았던 날들

홰치는 닭울음에 맞추고
오직 살아보려는 욕망으로
양심과 도리 의리 앞세우고
모든 게 운명이라 치부하며
떨어진 단추 달 듯 할 수 없어
힘든 역경을 헤쳐왔다

용서

알게 모르게
잘못투성이일 텐데
용서 구하지 못한 채
남의 잘못만 보아온 당신
역지사지를 왜 모르십니까
둥근 달도 기운다는 사실
엄연한 현실 모른 채
높은 하늘만 쳐다봅니까
닥쳐오는 황혼의 종착역 잊은 채
바쁜 걸음만 하십니까

오직 나만 생각하는 아집
집착에 치우치고
앞 못 보는 장님 탓만 하십니까
그 교만 내려놓으십시오
용서하면 편안해지는 마음
어찌 잊고 착각에 빠져
자기 기준으로 세상을 봅니까
용서가 그렇게 힘든 줄 몰랐습니다
아직도 투덜대며 걷는 길
나만의 길입니다

거미줄처럼 얽힌

얽히고설킨 인연
긴장과 설렘 가득
술래잡기하듯
혼자가 아닌 동반자로
세상이란 동산에서
소꿉놀이했다

어깨동무하며
동분서주 발품 팔며
소중한 인연 바랬지만
공허한 메아리 되어
허무의 성 안에서
독야청청 여정이었다

허기진 배 졸라매고
기나긴 해 원망도 했고
가난한 부모 탓하며
세상 등지고픈 마음 몇 번
뒤죽박죽의 세상
거미줄에 얽힌 한 많은 인생사

파도

수 없는 너울
소소리 바람에도 처얼썩
의연히 서 있는 바위
무념이 어루만져
밀려오는 하얀 포말
온몸으로 안는다

욕심과 허물
미움과 오해 날려버리고
미워하는 사람도
세월 지나니
모두가 사랑임을
너에게 배운다

허무

탐스런 장미
가슴에 담고
안을 수 없는 안타까움
뉘 알랴만
비우려는 마음보다
채우려는 욕심으로 살아온 나날

꼭꼭 숨기고
태연함 가장하는
가면 놀이도
이젠 자연스럽다
이별의 향수
누구나 한 번은 가야 하는 길

오로지 앞만 보고 달려온 길
좌절 마다않고 견디어온
꿈 같은 시절들
작은 사랑 줄 곳 없어
하염없이 빗속을 걷는다
아픈 가슴 다독이며

반성합니다

뒤돌아보니
전부 후회 투성이요
잘못 아닌 게 하나도 없다
왜 그렇게밖에 못했는지
후회는 언제나 항상 늦고
통한만 남았다

넘쳐나는 말보다
주옥같은 깨달음 주고
자만보다 겸허한 삶
원망보다 용서를
미움보다 사랑을
간직한 채 살았으면

범사에 감사하며
남은 시간 살게 하고
망녕되이 낡은 생각 버리고
성찰의 슬기 주시고
높은 곳보다 낮은 곳 삶의 지혜로
살아가는 은혜로움 주시옵길

인생꽃

순수했던 열정
세월 지나고 나니
가슴 먹먹한
아픔만 남고

희로애락
구름같이 모여
바람에 날고
물결에 흘러간다

이순 넘어
산수 바라보는
일생의 사연 속엔
억겁의 세월 녹아있었다

저승 꽃핀 얼굴
하얀 백발도
삶의 훈장이었고
결코 흉이 아니었다

석양(夕陽)에 서서

세월(歲月)이 슬며시 놓고 간 추억(追憶)
지나간 아픈 비늘
처연히 주저앉은 고요의 시간
모락모락 피어오른 아지랑이 같은
뚜렷하지 않은 사연들
보랏빛 그리움으로 다가온다

묵묵히 견디어온
굽이마다 어려운 삶
이정표 밑에 서서
어렵사리 갈 길 묻던
여린 정 그리워 하도 그리워
조용히 돌아앉아 눈물집니다

그리운 옛 낭만 속

오곡 풍성하고
인심 또한 풍요로운
달빛 어린 고향의 얼굴
잊었던 옛 사랑 불러오고
왜인지 모를 쓸쓸함 묻어나는
옛 마을은 동심의 거울이다

유난히 배고팠던 시절
코흘리개 옛 동무들
구슬픈 귀뚜라미 울음
꿈과 희망과 향수
요술경 속 뚜렷한
갈 곳 잃은 그리운 낭만들

3부
들국화 피고 지고

봄꽃의 추억

매화는 광양 하동 산수유는 구례
벚꽃은 진해 벚꽃
1962년 군대 생활 중 해군 종합학교 교육 중 진해 통제단 내 아름드리 벚꽃 나무 길 양옆 줄지어서 벚꽃 하늘을 가리고 장관을 이루었다
해군 함정도 민간인에게 개방하고
낙화하는 꽃잎 머리, 어깨에 쌓여 선남선녀 마음 설레게 했고
벚꽃 개화 시기에 맞춰 벚꽃 관광열차를 운행하고 전세버스 온 시가지 가득 메우고 풍악 소리 조용할 틈이 없었다
진해에서 마산 넘어가는 산굽이 굽이 꽃 만발 장관을 이루었고
외출 시 1000환 한 장 가지고 나오면 진해 극장 700환 주고 구경하고 막걸리 파티하고 술 못하는 친구는 빵집에 들러 고기만두 찐빵으로 배 든든히 채우고 귀대했고
경화역 및 경화천 변 양쪽 벚꽃도 장관이었다 65년이 지난 오늘까지 여의도를 비롯해 홍제천 불광천 변 벚꽃 만발하면 시민들 마음 들뜨게 한다

입춘(立春)

쌓인 눈 아래
봄꽃 준비하고
남쪽 제주엔 유채꽃 아기 동백
홍매화 소식 전해진다
일 년 중 해가 가장 짧은 날
아직 쌀쌀한 날씨
짧은 추억이나마
남기고 싶다

24절기 중 가장 빠르고
한 해 첫 절기
온갖 기화요초 피고
일 년 내내 만수무강
생기 넘친 한 해
나날 즐거움 주고
모두 건강 함께하는
복된 나날 기원한다

봄꽃 피고 지고

계절은
때맞춰 찾아드는 나그네인가
발품 팔지 않아도
남풍 타고 꽃 소식
무심한 세월 탓하고
방관자 되고픈
반비례하는 마음

감은 눈
그리는 슬픈 사랑
외면하는 아픈 마음은
만개하는 봄꽃 향기
지는 꽃 바람 탓하는
꼭꼭 닫힌 마음
나이탓인가 보다

수양버들 벚꽃

봄 무르익고 산들바람에
열여덟 봄 처녀 하늘하늘 늘어진 몸매
향기로 유혹하고 눈웃음치며
춤추는 아지랑이도 교태를 부린다

사알짝 볼웃음 사랑 넘치고
노란 개나리도 봄 자랑하나 보다
점점이 아린 꿈 그립다 말 못 하고
기약 없는 내일마저 사랑하나 보다

대장부 굳은 마음 햇볕에 녹고
봄바람에 마음 실어
나비와 노는 짧은 시간
지는 노을 바라보는 눈망울 섧다

벚꽃 눈 아시나요

꽃잎
눈처럼 떨어지고
흰 구름 떠가는 하늘
꽃가지 쳐다보니

꽃 중앙
꽃술이 뚜렷
예쁜 눈 반짝이며
나를 보고 있다

머지않아 꽃잎은
얼굴과 어깨 내리고
햇볕 따사로운 날
향기에 취해 시간마저 머물 테지

자연 속 잎새

이슬 젖은 물망초
그리움 사무치고
초록 잎 그대로
굴러다니는 낙엽
하얀 시름 속
외로운 삶이었나 보다

이름 모를 풀꽃
영원토록 반기는
온통 수채화가 되는 숲
나도 자연이고 싶다
그냥 조그만 삶이라도
사연 깊은 촉매제로

바람 햇볕 함께
때때옷 갈아 입고
계절 순풍 따라
아우르는 나무숲
웃고 우는 채색 손님
고운 옷 갈아입는다

이슬비는 내리고

보슬비 오는 오후
늘어진 전깃줄에
영롱하고 예쁜 물방울
줄지어 열렸습니다
또르르 또르르르
그네 타다가
맨 밑 방울
뚜욱 뚝 떨어지길 반복합니다
쉼 없고 하염없이

세월의 뒤안에서
오고 가야 할 길
아는가 봅니다
유리창 습기 위에
그림 그리고 글씨 씁니다
얼굴 그리고
'안녕, 사랑해'라고
호호 불어 지우며
다시 씁니다

내 어릴 적 여름밤의 정취

옛이야기 보따리가 있고
정다운 술잔 오가고
대나무로 촘촘히 엮은 와상
와상이 없는 집엔
짚으로 짠 덕석이 대신하고
희미한 불빛
호롱불 정다웠던 밤
새끼 꼬고 가마니 짜며
머리 마주하고
리리앙실 꽃 수예 놓고
매캐한 모깃불
모락모락 피운 밤
수많은 별똥별 지고
쏟아질 듯 무수한 별
개똥벌레 춤추는
아련한 동심 추억 속 그 밤들이
내 어릴 적 시골 모습이었죠
다시 오지 않을 그날들
그 사람들 모두
그리웁구려

날씨

후덥지근
31도 오르내리고
25도 웃도는 밤의 열대야
늦더위 가기 싫다고
발버둥치는가
얼마를 더 기다려야
살만 할까

평균 기온 28.5도
116년 만의 기상관측
88년 만의 열대야
기록적인 더위
냉방기기 사용
전기료에 울상

며칠 후면
춥다고 엄살일 텐데
그걸 알면서도
고통 호소하는 자신
먹구름 걷히고

맑은 하늘 그리는 마음
바쁘기만 하다

계절 물들고

초록으로 물든 봄
요란한 개구리울음
개똥벌레 날던 여름밤
귀뚜라미 울던 가을
소슬한 바람 기러기 합창

떨어질 듯 일렁이는 별
맑고 밝은 달빛
별빛 수놓은 하늘 보며
간절한 마음으로 빌던
너를 향한 합장

연꽃

진흙탕 태어나
흐린 물 정화하고
많은 물 쏟아져도
받을 만큼 받는 잎사귀

이른 아침
물안개 피는 연못
화려한 연꽃 요염함
잠자리 날갯짓 한가롭다

불교의 대표 연꽃
중생 죄업 계도 되고
연근의 귀한 식용
연잎밥 으뜸이다

젊음의 번뇌

눈 속에 피는 동백의 긍지
활활 타는 장작불 같은 용맹
둥근 만월 보름달의 해맑음
실눈썹 같은 초승달의 애달픔
미로를 헤매는 마음으로

쫓기고 뒤척이며 지나온 시간
실패와 상처 위로의 보상 없이
훨훨 털고 해묵은 갈증 풀며
흔들리는 촛불 되어 모진 세상 살아온
질척이는 세월 늪 허우적대었다

용서와 화해
고단한 심신 위로하며
힘겹게 살아온 발자취
다시 한 번 반추해본다
아직 남은 미지의 세상 앞에

아! 가을

가을의 대표적인 꽃
정다움 묻어나고
대명사가 된 코스모스
서정의 시각 속 손짓하고
잊혀져 간 사랑
고독마저 주위 맴도는
아련한 그리움들
가슴 저미는 아쉬움

왠지 모를 외로움 찾아와
맴도는 시간 속
귀뚜라미 벗하며
외로움 벗하는 계절
잠 못 이루는 밤
어디서 오는 줄도 모르는
서서히 찾아든
계절의 서사시-

아… 가을!

풍요의 가을

고색창연
화해와 용서의
석양 인생
억새풀 어우러진 들녘
단풍 곱게 물들고
코스모스 하늘거린다

곱게 물든 은행나무 잎
알밤, 대추 탐스런 계절
하얀 갈대 춤추고
감 익어가는 상큼한 뒤란
장독대 맨드라미 곱다

오색 찬란 풍요 속
산들바람에 여윈 가슴
잘 가라 휘젓는 손길
애처로워
안녕을 고하오

들국화 피고 지고

짙은 향 풍기며
계절의 제왕인 듯
황금빛 물들이더니
찬서리 이슬 젖어
깨인 꿈 추스를 겨를 없이
검붉게 지는 품새
아려오는 아픔이다

기러기 울음 따라
소슬한 언덕 위 삭풍
사랑마저 지고 마는
앳된 사연 간직하고
으악새 벗하는 아픔
허공에 날리면서
흩어지는 구름 따라 꿈도 저문다

조락하는 낙엽

반쯤 붉은 낙엽
수북이 쌓이고
눈물인 양 뚝 뚜욱 진다
샛노란 꿈 접고
알아 줄 이 없는
오가는 밭길에 차이는 아픔 속
무심한 세월에 쌓여만 간다

어려운 방정식인 양
모순 아닌 사고 속에
긍정적으로 풀어보면서
안간힘 쓰는 애처로운 노력
헛되이 사라지는 아픔
뉘라서 알 길 없어
안아보는 시름 깊다

꽃단풍

알록달록
꽃단풍 진 자리
하얀 서리 열렸습니다

오갈 데 없는
방황하는 마음
꽃단장합니다

움츠러드는
어깨 너머
계절 따라오고

사랑 열린
가지 끝에
고운 꿈 열렸습니다

단풍잎 이변

은행잎 가로수
노랗게 물들어
서울 거리 거리를
가을을 알려주었는데
푸르스름 잎새로
조락하는 모양 애처롭다
기후 때문 아픈 잎
옛날 그리워한다

희미한 가로등
골목 비추고
달님마저 찾지 않는
빌딩 숲 그림자에
노랑 물감 고운 잎
추억 속 머물고
아슴히 저무는 노을 속
꿈에 젖은 나그네여

둥그레 당실 덩그뎅 당실

너도 당실
나도 당실
달도 밝다
연자머리로 갈까나
흥얼흥얼대고

그렇게 세월은 흘러
미완성인 채 살고 싶었는데
흩뿌려 빛바랜 잔해
완성되기 전 시들어버린 꿈
자만하지도 않았는데

어느덧 멀어진 꿈
헤어나지 못한 긴 터널
방향 잃은 나침반에도
서산 위 떠 있는 초승달
오늘따라 더 외롭다

별을 헤며

별 하나
나 하나
별을 셉니다
잠 아니 오는 밤
늦도록 벗합니다

오늘따라
창틈 스민 바람
초점 잃은 주마등 되어
가만한 순간을
원망도 합니다

찰나의
노을 같은 낭만
긍정의 쉼터가
나이테 되어
가슴 짓누릅니다

추억도 함께

소담스런 함박눈
진한 아쉬움도
소복이 쌓인다
지난 추억 파노라마처럼
눈과 함께 내린다

초가지붕 처마 밑
고드름 주렁주렁
수많은 갈가마귀
하늘 수놓고
보리밭 까맣게 물들였다

집 앞 논 썰매 타고
선반 위 삶은 고구마
동치미와 더불어 먹던
꿀맛처럼 달콤함
새록새록 그리워 눈물 납니다

동장군

겨울의 심볼
눈과 얼음이다
산천초목은 물론
온 세상 하얀 옷 갈아입고
만물 포근히 감싼
은백의 모습
사뭇 정겨웠다

환경오염
지구 곳곳 이변 계속
동장군 위세 심하고
폭우와 강풍 몸살 앓고
변덕의 극치
환경을 생각하게 한다

어릴 적 무릎까지 빠진 눈
살을 에는 삼한사온
상고대 설경
얼음 밑 졸졸 냇물

봄마중하면서도
동장군 심술도 일상이었다

우수와 경칩 사이

우수도 지났는데
영하 7도의 추위 맹위 떨친다
봄의 빈자리 내어주기 싫은가보다
충청 전라도엔 1~5cm 눈 소식
바람도 초속 15m의 강풍
산불 예방 비상 속
강원도 영월지방 산불 소식
18시간 진화 마음 조이게 한다

TV 속 곳곳 쌓인 눈
그림 같은 풍경
봄을 기다리는 마음
움츠려지는 어깨 위에
숨 어우르는 가슴
목마름 더하고
바램 숨죽여
슬픔은 비 되어 내린다

광릉내 숲길

각종 수림 맑은 공기
초가을 놀러 와 머물고
푸른 하늘 단풍잎
대자연 둘레길 인파
모처럼 찾은 광릉내 숲
정답게 다가오는 일요일 오후

장애인 관광차 두 대
자연 만끽하는 듯
휠체어에 몸을 의지하면서도
괴성이 오가고
푸른 산 시원한 공기
곳곳 단풍 감상한다

국립 수목원의 위용
박정희 대통령의 위업
자연의 허파인 듯
많은 인파 유혹
후대 길이 남아
오래도록 남았으면

봉선사

각종 수림 맑은 공기
모처럼 찾은 광릉내
정답게 다가오는 일요일 오후
초가을 놀러 와 머문다
대자연 속 둘레길 인파 놀랍다
일요일 단풍 행렬 때문이리라

곳곳 단풍꽃 곱게 피고
따사로움 자리한 곳
사바세계 세속에 물든
속세와 인접해
깊은 산속 절 아니다
그러나 불공 드리는 많은 인파 놀랍다

주차장 곳곳 만차고
크고 작은 연꽃잎 멋 자랑하고
방생 연못엔 무슨 고기 노닐까
정원 가득 메운 석상 조형미에
시선은 빼앗기고
인증사진 남기려 바쁘다

은행나무

그저 바라보고만 있을 뿐
어느 사이 다가와 옷고름 풀고
봉긋한 유두 스쳐 속옷까지 내렸나
사랑의 열병 후 좁쌀 같은 꽃순
계절 속 노란 잎 열매로 성숙
조락하는 낙화에 그리움 담아서
가을을 노래한다

우주 만물 윤리 속 생명을 얻고
진노랑 고운 잎 거리 수놓고
책갈피에 끼워 머리맡 연인으로
소소리 바람결에 꿈마저 접고
귀뚜리 으악새 흐느낌에
뭉게구름 두둥실 산허리 맴돌 때
붉은 석양 지는 노을 곱기만 하다

기상이변

기승부린 무더운 날씨
2년 치 비 한꺼번에 쏟아져
집안 마을에 때아닌 고무보트
연이은 열대야 잠 못 드는 고통
자연의 경고 방관만 한 죄입니다

전 세계 기상이변
화재 홍수 산사태 끊이지 않고
인류 위협하는 마귀가 되었다
뒤늦은 특별재난 선포에
놀람 가시지 않고 두렵기만 하다오

화이트 크리스마스

기쁘다 구주 오셨네
만백성 맞으라
8년 만의 함박눈 사뿐히 내린
화이트 크리스마스란다
눈 온 겨울의 꽃이다
따스한 날씨 탓에
오는 대로 녹았지만
소담스런 눈송이 싫지 않다
더구나 크리스마스 날
내린 눈의 반가움
비단 나뿐만이 아닌 듯하다
종교 의식 떠나
설레이는 마음 포근함
어릴 때나 80 지난 지금도
감성 젖게 하는 마법을 지녔다
부디 각 가정 건강과 행운
청룡해인 2024년도 간곡히 빈다
값진 한 해 되게 해달라고
하얀 눈 소복소복 내리고 있다

4부

고향 그 바다

어머님의 추억(追憶)

어머니는
무쇠솥과 더불어 사셨다
아래 샘에서 물 길어오시고
솥에 부어 끓이시고
식구 먹일 국과 밥 하시느라
아궁이 불길 꺼지지 않고
매캐한 연기와 함께 보내셨다

들에 나가 밭일 후
부채 썰어 조물조물 반찬으로
어머니의 손맛 곁들여 꿀맛
식구들 식사 밭일 빨래 쉼 없는 나날
무거운 고막이고 삼십 리 벌교 장에
노고 속 평생을 헌신하신 모정
그립습니다, 어머님

먼 나라 그곳에선
편히 쉬시옵소서
부디부디

아버지의 변화

옛날엔 삽살문 밖 헛기침
온 집안 긴장하고
대청마루 어른 밥상
구들목 의례 어른 자리
한 집안 대들보
율문법의 상남자

돌담 밑 줄지어
목단 꽃 피고
뒷동산 부엉이
정적 깨는 개 짖는 소리
병아리 어미 따라
삐약대는 한낮 풍경

오늘날 현관문 들어서면
발소리 죽이고
말도 가려 하며
눈치 보는 늙은이
숨겨진 존재 아빠로
하루를 마감한다

동심과 변명

민둥산
잔솔밭
산토끼 꿩의 놀이터
찔레꽃 무명다래
옹달샘 솟는 자리
실개천 흐른 냇가
소꿉장난 어린 시절
추억이 머문 자리
곱게 물든 저녁노을
한 폭의 풍경화

게을러진 심신
나약한 마음
추슬러 다짐해도
몸과 마음 각개약진
원망스런 몸뚱이
변명의 용기 필요하듯
망설임만 뒤따르고
나이 탓 돌리는
힘 없는 노년이라고
게으른 변명

옛 고향의 변모

초가지붕 저녁 연기 모락모락
가지런한 돌담 정겹고
개똥벌레 춤추는 곳
가지나무 호박넝쿨
노랑 빨강 올망졸망
울 밑 봉선화 맨드라미
장독대 접시꽃 도라지
정화수 자리한 곳
어머니가 계셨고
간곡한 기도처 장독이 있었다

노 젓는 돛단배
고기 잡고 꿈 실은 부두
낚싯배 드리웠던 바닷가
바다 위 둘레길로 변모
추억을 지워가는
냉엄한 현실에
잃어버린 동심 찾아
서성이는 발걸음
머언 하늘 바라보며
속 울음을 합니다

정월대보름 당산제

달 밝은 정월대보름
제사상 머리에 이고
횃불 긴 행렬
메구* 치며 춤추는
당산제 풍습
꽹과리, 징, 북, 장구, 소고 치며
마을 안녕 무사 기원
예부터 내려온 미풍양속이었죠

별 반짝 빛나고
푸른 파도 넘실대고
남녀노소 쉼터 되는
당산나무 밑 해림각
오가는 정담 속 사랑의 산실
석지나무 새들의 낙원
바닷가 둘레길
새로운 명소 됐죠

* 메구 : 풍물

회상

모처럼의 추위
방 안에 보낸 시간
지난 시절의 파노라마
온갖 상념 무상
그리움 아쉬움 새롭다

어머니가 새삼 그립다
아버지 몰래 챙겨주시던
꼬깃꼬깃 용돈
텃밭 반찬 그립고
잔소리 몹시도 생각난다

나이 팔십 중반
황혼의 외로움 속
계절의 낭만
어릴 때 친구 보고 싶고
아련한 추억 목이 메인다

별밤의 추억(追憶)

둥글고 환한 달
떨어질 듯 일렁이는 별
쉼 없이 지는 별똥별 유성
매캐한 모깃불 향
개똥벌레 춤추는 밤
초가지붕 위 하얀 박꽃
돌담 타고 호박꽃 나풀대고
집집마다 보리방아 절굿소리
굴뚝 연기 피어오른 석양

돼지우리 옆 먹딸기 익어가고
텃밭 하지감자 여물 때
돌담 밑 삼베 모시 무성하고
뽕나무 푸르던 밭둑
누에 살찌우고 누에고치 둥글게 키워
모시 비단 무명 길쌈하신 어머니
바쁘시던 모습 눈에 삼삼하고
잔잔한 바다 어부 노래 구성지고
호롱불 너울대고 여치 울음 구성졌다

동창 모임

은빛 들녘
찬서리 내린
옷깃 여민 늦가을
노란 국화꽃 애틋한
못다 한 그리움
되살아나는 한날
재경 서울 동창
모임의 날

코로나19 때문에
못 본 4년 사이
갈색도 모자라
세월의 무상 호호백발 보며
유유자적 머문 삶
세월에 밀려난 모습
망각하고픈
차마 눈물겹습니다

고향 그 바다

물때 맞춰 고기잡이배
풍어 소식 전하고
밀물 빠지면
고막 잡는 뻘배 타고
갯벌 누빈다

넙더리부터 밀물 따라
문절이 낚시 드리우고
선창가 지나 석지까지
낚은 문절이 꾸러미
반찬에 일조했죠

높새바람에 실려온
상큼한 바다 내음
뉘엿한 석양 노을
작은 망산 걸리고
앙상한 석지나무엔 까치집 열었다

향수(鄕愁)

나고 자란 고향(故鄕)
텃밭 한켠 태가 묻히고
아장아장 걸음마
동심(童心) 어린 곳
타향살이 고달퍼도
몽매에도 못 잊을
꿈길에도 찾아온
마을 어귀 골목길

풍요로운 인심(人心)
묻어나온 정감(情感)
아른거린 마을 풍경
죽기 전 꼭 한 번
찾아가는 고향
귀소본능인가
그리움의 대명사
고향(故鄕)!

놀이터 풍경

어린이 공원
배드민턴 숨바꼭질
소녀들 해맑은 웃음
옥구슬처럼 청아하다
그네 타며 꺄르륵
꾀꼬리 따로 없다

세월의 뒤안에서
어쩔 수 없는 숙명
공허하고 찌든 가슴
주위 메아리 되고
정신 맑게 해준다
줄지어 선 운동기구 한가롭다

공원 한켠 의자
할머니들의 정감 오가고
가벼운 운동 하며
하늘 보는 허전한 시선
뭉게구름이 달랜다

나태해지는 심신

모든 일에 핑계
게을러지는 요즈음
갈수록 태산
적당한 채찍이 없다
추운 겨울 탓
나이 때문인가
모두 노년의 변명이다

바쁘게 살아온 지난날
밤을 낮 삼아
몸 돌보지 않던
가족에의 책임과 의무
당연했던 모든 노력
억척스런 나날들
추억이란 그늘에 숨어 있었다

영원이란 없다

캄캄하고 긴 밤
문틈 스민 바람 벗하며
눈 덮인 산하
그 속엔 봄 태동하고
지난날 회상하는
절름발이 사연 엮어
잠자는 망각의 늪
빛바랜 흑백사진처럼
어설픈 기억 소환하여
너와의 이름으로
안녕이란 인사 해보지만
목숨도 대신하고픈
젊은 날 진한 사랑
평생 함께한 부부
저세상에선 다시 만나기 싫다고
찰나의 순간 잊고
영원은 존재하지도 않나 보다
세상 모두가

해묵은 옛날

잊혀질 듯 오래 전
아픔으로 기억된
빈곤과 고독
전기 없는 캄캄한 저녁나절
별빛 달빛 벗 삼고
개똥벌레 희미한 불빛 속
콩 한 쪽도 나눈 따사로운 인심

온 마을 방아 절구 소리
굴뚝 연기 피어오르고
없어도 있는 척 착한 척
위선으로 때움질하고
자연의 풍요 애써 외면한 채
눈시울 뜨거운 추억들
휘영청 밝은 달빛에 숨었다

향수는 끝이 없이

달콤한 향기
순백의 찔레꽃
수줍게 피고
빛바랜 추억
다소곳한 환영
첫사랑 수줍음
속삭이는 미련
잔잔한 그리움이다

고향 논둑
찔레는 없어도
향기만 남아
날아드는 나비 떼
손사래로 쫓고
흑백사진 추억 속
어머님 모습 그려
켜켜이 쌓인 정 풀어보는 야밤

사랑

엄마 손은 약손 포근한 모정
마냥 좋은 첫사랑
온몸 바쳐 뜨거운 사랑
갈구하고 이해하는 사랑
그 많은 사랑들

팔십 대 중반의 나이에
18세의 여성을 사랑했던 괴테
나이 초월한 진정한 사랑이라고 하나
타다 남은 은은한 불씨마냥
가슴속 뜨거운 사랑

굽이굽이 몰려와
부딪히고 흩어진 포말
마음속 깊게 자리한 사랑
허전하고 너무 아쉬운
사랑이라는 두 글자

당산나무

수 없는 세월의 흔적
윗 당산 아래 당산나무
가지 부러진 이끼 낀 세월
마을의 안녕과 객지 나간 자식 사랑
보살핌 속 한평생
희미한 사진처럼 오랜
아름드리 고마운 나무

코흘리개 어린 시절 하늘처럼 높은 나무
그 많던 소원 들어주기 힘들었나
작아 보인 모습이 안쓰럽다
애증의 오랜 시간 팔십 평생을
하늘 품은 바다 보며 지나길 하세월
해림각 쉼터 앞 출렁대는 파도
망향의 그리움 속 노을만 짙다

童心과 함께

어렸을 때부터
꼴망태에 지게에
어깨를 내어주고
소먹이며 성장해야 했던 나날
그 버릇 몸에 배고
나이만큼 성장 못하고
협소한 내가 되고
웅크리고 용기 없는 오늘을 사나 보다

인지능력 떨어져도
쓰러지지 않으려는 강인함 속
포도알처럼 촘촘한
일상에서 떨어지지 않으려는
건망증 걱정하고 다짐하며
자신마저 잊혀질 치매 오지 않길
몽매에도 빌고 바라며
못난 바보처럼 오늘을 산다

추억의 바다

쪽빛 파도 넘실대는 갯바위
별빛 찬란한 밤
오랜 세월 함께 떠오른 모습
곰삭은 그리움들
어지러이 명멸하고
빛바랜 흑백사진 속
깊이 잠자는 생각
노을빛 속 선명하다

물안개 피고
꿈과 욕망 오가는 마음속
아쉽게 바람에 날리고
갈매기 포물선 그리며 나는
호젓한 풍경
까맣게 잊고 살았던 날들
망각이라는 서툰 말로
위로하려는 내가 얄밉다

연말을 맞아

무언가 잊은 듯
무엇이 빠진 듯
알지 못할 허무 속
주위 돌아보고
내 자신을 본다
몇 번인가 곱씹어보는
건강 염원 가족 건강 빌며
먼 하늘을 본다

그리움 한 가슴
추억 파편 되어 떠돌고
고장 나기 시작한 몸뚱이
누군가 쓰다 버린 포근함 찾아
쓸쓸한 연말을 맞아
못남 원망해보고
그냥 무사히 지나가길
빌고 소망해 본다

새날 새 아침

간곡히 바라고
정성과 지성으로 비는
무사안일 365일
반복되는 건강 기원
진심 어린 기도 열매 맺길
다시 한 번 소망한다

덕담과 감사
새날의 인사 오가고
사랑 주고 사랑 받고
안녕과 평온 바라는
굽은 등 너머로 지는 노을 보며
소원 성취하는 한 해이길 빈다

70년 전 우정 박춘웅 친구

전남 고흥군 남양면
남양중학교 1학년 시절
정확히 1955년 코흘리개 친구
광주로 이사 후 끊어진 소식 접한 후
뒤늦은 동심의 추억을 이야기하고
카톡을 매일 주고받는다

각자 다른 환경 졸업 후
경찰 생활하며 가정 꾸리고
사회의 일원 되어 자녀를 두어
평범한 가장 되었고
요즘도 소주 두 병 주량으로
대장부임을 자랑하는 친구

친구들 소식 함께 회상에 젖고
병마와 씨름하는 투병 이야기하며
변한 지금의 모습 보고파 하고
그저 건강하라는 당부 인사 속에
먼저 간 친구 그리움 속에
팔십도 중반에 들은 늘그막 인생 넋두리한다

아픈 유고식 사고

첫째 아들만이
유일한 자식이고
둘째는 부모 마음 따라 살아야 하는
둘째는 자기 삶 포기하는 숙명으로 알고
여자는 부모의 뜻에 따라
배움도 포기하고
집안일에 매달려야 했다

둘째 삶은 어릴 때부터 억제되고
반항아가 되고
일찍부터 세상의 벽 좌절하는 이단아 되고
성취감보다 모든 삶 숙명으로 받아들이는
괴리의 반항아로 살았다
외로움 욕구불만 일관하는
서글픈 한평생이었다

부모님의 추억

내 어릴 적
전기도 없고 차도 다니지 않는 시골
십여 리 걸어 나가야 버스를 탈 수 있었다
엄하시기만 아버지
어두움 내릴 때까지
두엄 지게 농사일 여념이 없으시고
5일 장날 외출 시
농군 티 벗고 말쑥한 신사 되셨다
하얀 모시 바지저고리 두루마기
백구두에 중절모 차림이셨다
어쩌다 소나기라도 맞는 날엔
다시 빨아 풀 먹여 다듬이질하신 어머니 왈
'이놈의 영감 죽으면 눈물 한 방울이라도 흘리나 봐라'고…
그러나 아버님 돌아가시니 가장 섧게 우셨다
한지 문종이에 시조 가락 적어
청아한 목소리로 무릎 치며 읊조린 시조 가락
귀에 쟁쟁하다
악기 좋아하는 자신도 어쩌면 아버지 끼를
물려받은 듯하다
저세상에선 부디 평안하시길

어버이날

미지근해도
뜨거워도
사랑은 사랑이다
아버지의 채찍으로
인격 형성되었고
어머니의 헌신 속
애정으로 성장하고
받은 그 사랑
자식에게 되돌려주며
헌신과 사랑 속 평생 보내고

저물녘 삶의 언저리
그 누구 돌아볼 겨를 없이
오늘 하루 보내기도 벅차다
고향의 머언 추억
동심 속 친구 회상하며
건강 잃지 않으려 운동하고
좋은 음식 찾아 동분서주
내일의 환상 속에

애정결핍 환자인 양
게걸스레 오늘을 산다

망향(望鄕)

앞바다
파도 소리
아련히 들려오고

망주산
솔향 내음
상큼함 더해오고

무정한
추억 속
동심만 남았구나

반기는
갈매기 소리
파도 위 흩어지고

뭉게구름
꿈 싣고
떠나가는 배

고향 집 툇마루
아련한 쌓인 꿈들
그리움만 소복하다

빛이 강할수록 그림자 짙다

흰 쌀밥
실컷 먹고 싶은
배고팠던 어린 시절
고기반찬에
잘 입고 뽐내고 싶은 유년기
호화로운 삶 그리던 소망
오직 삶의 목표였다

철들면서
배움에 목말라
밤잠과 모든 걸 걸고
인내와 감내로 보낸 세월
잃어버린 세월임을
한참 지난 후에야
크나큰 실망 깨달음 알게 됐다

절망 속에서도
세월은 흐르고
인생도 흘러
깊은 골짜기 건너

생활의 현실이 되어
촌음 아끼는 젊음 보내고
어느덧 백발성성 노년이 되었다

5月에 부쳐서

삶 속 기념의 날
5月 5日 어린이날
5月 8日 어버이날
5月 11日 석가탄신
5月 15日 스승의 날
5月 20日 성년의 날
꿈과 낭만 정과 사랑 삶의 의미
가득 넘치는 5月

뒤돌아보는 그리움
가슴 깊이 각인되고
만감 교차하며
나 자신 뒤돌아보는 달
못다 한 효도
반성의 삶
위로하고

삶의 의미
무너진 디딤돌
속 시원히 울 수조차 없어

멍울진 가슴 안고
달래며 추스르며
그래도 가야 할
5월이여

내 고향 산정

작은 망산 산그늘
석양에 숨고
하늘 담은 바다
서서히 갯벌 토해내고
갈매기 노래
샛바람에 잠길 때
망산 등에 업은 선정 마을
고요 속 잠든다

이따금 개 짖는 소리
밤의 적막 깨고
천만리 달아난 잠 야속하다
굽은 등 흰머리
늘어나는 주름살
꿈마저 희미한
깨인 꿈속 가는 세월
노년은 섧다

5부

그땐 그랬지

118기 동기들이여!

　해병대가 그대의 자랑이듯 그대 또한 해병의 자랑이노라 가슴 뛰는 말이네
　평생을 해병대의 이름 아래 살아온 65년의 긴 세월 동안 청소년 선도 위원의 직책으로 깡패들 올바른 사회인으로 귀화의 노력하고
　해병대 전우회에 가입 은평 전우회 수석 부회장 및 감사로 또한 해병 중앙회 총무부장으로 전국 행사에 참여하고 은평 전우회 야간 순찰을 저녁 8시부터 새벽 2시까지 우범 공원 돌며 6년여를 일주일에 6일을 근무했다네
　군복무 중 잊지 못할 몇 가지 사연이 생각난다네
　눈이 소복이 쌓인 저녁 초소 야간 근무 때 이야기네
　도표상 강 넓이가 이북과의 거리 2km의 좁은 강, 고기 반 물 반이라고 한다네.
　물 빠진 갯벌 위 푸더득거린 고기가 마치 사람으로 보여 긴장하기 일쑤였고 실제 벌거벗은 사람 체포 후 상부에 보고 후 며칠 후 돼지고기 소고기가 나오면 월남자 및 월북자 간첩을 구분할 수 있었다네
　이북도 날씨 좋을 땐 몸빼바지에 머리엔 수건 쓰고 리어카 끌고 일하는 아낙을 볼 수 있고 OP 초소에선

M-47 포대경으로 보면 발가벗고 이 잡는 병사 얼굴도 선명히 볼 수 있었다네

이북에선 구성진 피리 소리 처량히 들리고 낮에 보면 큰 스피커에 들어가 청소하는 모습 볼 수 있었네

강 건너엔 개풍군 소재로 사람 살지 않는 가건물이 군데군데 있었네

우리 118기 동기 모임 초에는 120여 명과 30~40명이 모였는데 차차 줄어 지금은 10여 명 정도 함께하니 얼마간 모이려는지 알 수 없네 그려.

군복에 명찰 달고 자부하는 모습 보면 감회가 깊네. 연합회장 및 총재 표창 2회 및 경찰서장 표창 2회 경찰청장 표창 해병대 명예대사 위촉 연합회 은평지회장 표창 2회 서울시장 표창 2회 의회의장 표창 및 구청장 표창 2회 등 각종 표창 26개와 8개의 표창패 및 위촉장 3개 등 보람찬 삶이었다네

우리 건강하세 그려 오래보세 118기 동기 여러분

우리도 우대받을 권리가 있다오

 호롱불 아래 책 읽고 다시는 생각조차 하기 싫은 시절이 있었소 너나없이 힘들고 국가가 어려웠을 시절
 까맣게 높은 아시바 위, 판자 위와 구멍이 송송 뚫린 철판 위로 모래, 시멘트, 벽돌 지고 후들거린 다리로 일을 했고
 연탄 배달일. 일은 힘들지만 일당이 높아 나가면 공장에 가면 두 장씩 겹쳐 벨트 타고 나오며 받지 않으면 깨지어 허겁지겁 받아야만 했고 대부분 높은 고지대여서 리어카 및 지게로 운반하다 보면 후유증으로 며칠간 몸살로 앓아누웠고 식사는 국수 공장 말리는 과정 중 바람에 떨어진 국수 싸게 사서 간장 넣고 허겁지겁 배 채웠고 서독 광부로 수백 미터 지하 입구에서 서독 간호부의 온갖 궂은일 해서 가족 봉양 희생을 했고 월남전에 참전, 고엽제 희생 피부가 검게 썩고 케엑케엑 헛구역에 시달리며 사는 노인, 이렇게 세계 10위권의 부를 일궜고 공동 수도에 줄 서 1원 주고 줄 서서 꼭대기 집에서 4~5원 받고 겨울철엔 눈길 빙판길에 평소의 두 배를 부어야 독이 찼다오
 국회의 선량님들 부모 죽인 원수처럼 으르렁대며 싸우지 마시고 제발 정신 좀 차리시구요

'국민' 제발 그만 팔구요

위국, 위민을 위해 민생 살펴주오 지하철의 젊은 친구들 머리 하얀 노인은 그 앞에 서서 가는데 핸드폰만 만지며 앉은 젊은이들 머리 하얀 노인도 대우받을 권리가 있지 않겠소

옛날 회고하면서

 큰아들만 대를 이을 자식이요 둘째는 농사꾼 만들어 집안 이끄는 데 일조하도록 초등학교 들어가기 전부터 소꼴 베고 소먹이고 일 학년 입학 즈음부터 며로* 약 치고 논 메며 어린 팔 벼에 쓸려 피가 나고 까맣게 딱지 앉았죠
 엄한 아버지 뜻 거스르는 짓은 감히 엄두 못 냈죠 월사금 내지 못해 교실 끝에 나가 두 손 들고 벌받기 일쑤였죠.
 1950년 6.25 동족상잔이 발발하여 형님이 입영 통지 받고 입대 시 학교 수업도 빼먹고 양손 태극기 들고 흔들며 "양양한 앞길을 바라볼 때면" 부르고 길 양옆에 서서 배웅했죠
 같이 입대한 친구는 전사 통지가 날아오고 형은 최전선 배치를 피하기 위하여 옥답 다섯 마지기 팔아 장작 장사하며 형 뒷바라지하여 보조 헌병으로 빼내어 후방 근무토록 하는 게 기억난다
 향학열에 불타 16세에 서울로 와 고학을 시작. 중국집 배달, 막노동, 연탄 배달, 콩나물 배달, 가정교사 등을 전전하다가 너무나 고생되어 군대 생활을 꿈꾸다 이왕이면 힘들고 고된 해병을 택하기로 하여 병 118기로

입대하여 제대 후 각종 봉사하며 오늘에 이르렀다
 후회는 하지 않았고 보람의 삶 사부하며 평생을 헤병
으로 살았다

* 며로 : 곤충의 사투리

재경 망주초등학교 총동문 야유회

07시 30분 신정관광 4508호 사당역 출발
기사님 영업부장 안평현 기사님
09시 40분 충청도 도담삼봉 도착 단체사진을 찍으며
우리는 초등학생이 된다
약 40분 동안 둘레길을 걸으며
늙은 학생들의 웃음소리가 끝이지 않는다
12시 30분 떡갈비 오찬, 소풍은 절정에 달한다
드넓은 축구장 잔디밭에서 여러 장의 사진 남기고
15시 30분 케이블카 탑승해 우리는 호반 위를 날아간다
흔들리는 전망대를 빙빙 돌아 5층 도착하자
세상이 발아래 놓여있다
도담삼봉 선생 유명세에
각자 유람선, 마차, Z-보트를 나눠 타고
여유로운 일상을 즐기는 군상들

안평현 기사님의 유머와 위트 속
사진 촬영 영상 유쾌히 즐기며 보낸 후
17시에 유쾌한 귀갓길
하루를 마감하며 훗날을 기약한다

최강 해병의 자부심

해군은 UDT대원 폭탄 제거작업 및 작전
육군은 공수부대 적진 침투 후 작전하지만
해병 수색대는 적진 침투 임무 수행하며 4~5천 피트 상공에서 수시 점프 훈련
엄동설한 도하 훈련 및 수중 작전에 매진해야 합니다
주 임무는 상륙훈련 LVT 및 LST 함정이
적들의 연안 해안에 병력 내리고 LST는 떠나버린다
앞에는 적 뒤에는 바다 죽기 아니면 살아야 하기 때문 강해질 수밖에 없는 군의 구조다
귀신 잡는 해병 무적해병 등 이승만 대통령의 휘장 등 신화를 남긴 해병 귀신 잡는 해병
한 번 해병은 영원한 해병이기에
월남전에서도 승승장구 국위 떨치고
제대 65년이 다 되어도 자부심으로 매월 모임을 갖고 있으며 야간 순찰 등 국가 사회 활동하며 무적 해병의 긍지로 오늘을 산다
어느덧 1306기의 수료식을 보았다
전역 해병 100만 명의 아직 쟁쟁한 해병으로 오늘을 산다
해병대는 당신의 자랑이듯 해병도 당신이 자랑이다
'한 번 해병은 영원한 해병이다'라는 자부심으로

국회의 선량님들이여

공산주의 김일성이 동족상잔의 전투를 일으켜
지금은 휴전 준전시체제인 우리나라
안보는 뒷전이요 민생은 외면한 채
고함과 삿대질 당리당략 당파 싸움
지켜보는 국민들 지겹기 그지 없소

노령인구 세계 2위 인구절벽 으뜸인데
나랏빚 기하급수적 교통사고 자살률도 세계 1등이다
험난한 현실 외면하면서
당이 다르면 부모 죽인 철천지 원수

서로가 머리 맞대고 위국 위민할 수는 없소
하루가 멀다 쏘아대는 미사일도
당신들 눈엔 장난감 놀이로만 보이는지
현실 직시하여 정신 바짝 차리시오

온갖 호의호식 호사 다 누리시고
국민 팔지 말고 위선의 탈 벗으시오
당신을 쳐다보는 국민들 직시하시구료
청백리까진 바라지 않소

역사와 자식 앞에 부끄럽지 않은
참사람 되십시오

한강 노벨문학상의 쾌거

한승원 씨 여아로 70년 11월 27일에 태어나

한승원 씨는 『내 고향 남쪽 바다』, 『아제아제바라아제』 등 많은 저서 남겼고

2016년 수상한 멘부커상을 2004년 연재 2007년 채식주의자로 수상했으며

영국 데보라 스미스의 번역으로 B이드 모건(심사위원장)의 심사평도 훌륭했다는 칭송

프랑스 드몽지 및 정현종 연세대 교수도 칭송 일색이고 『작별하지 않는다』의 1942년 제주 4.3 사건을 두고 부드럽고 섬세하게 유연하게 표현했다고 칭송함

아시아 여성으로 처음이며 우리나라 위상을 높이고 한국 문학도 덩달아 세계에 알리는 계기가 되었다

『몽고반점』, 『소년이 온다』, 『채식주의자』 등 80년 5.18 광주 민주항쟁은 작가의 출중하고 친구 정태의 죽음을 3학년 시절(독일 기자의 사진첩을 그의 아버지 한승원 씨가 구입해 보관 중인 것을 접했다고 함)

문인의 한 사람으로서 자부심 갖고 정진할 수 있는 계기를 갖게 해주어 고맙게 생각하는 바이다

2024년 파리 올림픽 금메달 영웅들

펜싱 사브르 오상욱 금
여자 양궁 단체 10년째 금
공기 권총 10m 오예진 금
공기 소총 10m 반효정 최연소 금
남자 양궁 단체 3년째 금
남자 사브르 단체 금
양궁 혼성 6년째 금
25m 공기권총 양지언 금
여자 양궁 개인 남수현 금
남자 양궁 개인 김우진 금
여자 개인 배드민턴 안서영 금
대회 10일째 남자 개인 58kg 태권도 박태준 금
여자 개인 57kg 태권도 김유진 금
세계 6위의 기록을 세워 국위 선양

영원하라 대한민국
짝 짝 짝…

광릉친정례(光陵親亭禮)

남양주군 진정읍 광능 수목원로 354 광능
세조대왕 555주기, 경희왕후 540주기 제사를 지낸다
주최는 문화제처 궁능유적본부 남양주시 문화원
주관은 사단법인 전주이씨 대종약원 공능보향회
참석자 대표로는 전주이씨 대종약원 공능문회 회장 이윤호
세조대왕과 정희왕후의 광능기신제봉행 황조손 이원
사단법인 전주이씨 대동홍약원 이사장 이귀남
남양주시장 주광덕
남양주 시의회의장 김현택
남양주 문화원장 김경돈 등
전통복장은 내시 및 무관들의 복장
가마 등장하여 행사를 주관한다

행사를 수백 년이나 진행해 오지만
사육신 같은 나무들은 여전히 뜻을 굽히지 않는다

향우회 송년모임

끈끈한 정이 있고
고향이 살아 숨 쉬며
한 잔 술로 달래보는
연말 송년 모임
한 해 마무리하는
향수 깃든 자리

오가는 정담
무르익어 가고
몸 건강 가족 평안
간곡한 염원 속
새날 위한 희망
싹트는 아쉬운 자리

한마을에 태어나고
함께한 사이
유난히 두터운 정
타향에서 그리며
잊지 못할 아쉬운 정
형제지간 따로 없다

여행

젊었을 땐 살기 바빠 미루고
중년엔 다음으로 미루다 보니
말년엔 수반하는 설렘과 걱정
핑계 속 미룬 게 한으로 남아
뒤늦게 계획 세워 해외여행 나서 보나
패키지여행이라 자식 눈치 보기 바쁘고
뒤따르는 발품 어려워
모처럼 해외여행 만감교차 하더란다

날씨 풀리거든 3박4일 일정으로
울릉도 여행 구상 중이나
몸 건강 헤아리느라 걱정이 먼저
설레임 대신 안타까운 마음
남의 걱정 끼치지 않으려는
어쩌면 마지막이 될지 모를
군대 동기와의 여행 무사귀환 바란다
소중한 마지막의 여행 되길 빈다

그땐 그랬지

초등학교 운동회 날
추석 전후 하늘 높은 가을에 하는
가난했던 시절
수수, 풋콩, 햇고구마 삶고
있는 집에선 각종 고기 요리
찹쌀밥에 닭 삶고
잔칫날 같은 운동회 날
운동장 주변엔 각종 장사진을 치고
엿장수 떡장수 사탕 등 장을 이루어
코흘리개 용돈 털어갔다

청군 백군 머리띠 두르고
청·백군 응원에 목이 쉬고
달리기 하여 종이 적힌 유지 함께 뛰고
1~3등 상품 공책과 연필
각종 릴레이 경주와
바구니 터뜨려 오색 종이 나풀대고
면장상 지서장상 학교장상이 주어지고
잔칫날 하루가 저물고 지친 몸 귀가할 때의
동심 깃든 추억들 그리운
아 옛날이여

날 깨우는 채찍
- 백련사 새벽 종

뎅~ 앵~ 앵~ 앵~ 앵
눈이 오고 비가 와도
하루도 빠짐없이
백련사의 새벽종
아침을 연다
때론 애절하게
육중한 울림
정적을 깨고 멀리멀리 간다

일상의 신비
인간 번뇌와 깨달음
욕망과 사랑
독신과 아집
나무라는 듯
남에 대한 배려 아집
깨우치는 듯
나무람이 깃들어 있다

불기 2568년 부처님 말씀

새싹처럼 움트는 사념
자장가처럼 비가 내린다
깨달음 잊은 나날
갖게 되는 나태한 마음
어르신 핑계로 길들여진
가만한 속삭임 앞
투명한 눈망울
허공 주시한다

중생이란 평범한 표현
손사래치는 마음 한켠
'꼭'이라는 필연 아래
숨바꼭질하는 당신과 나
어차피 지날 거라는 믿음
되뇌어 변명하고
평온과 안녕
부처님 자비 빌어본다

서당과 훈장님

5-6세부터 나이 불문
마을 전체 합심하여
훈장 선생님 초빙하고
보리 날 때 보리 0말
쌀 날 때 쌀 0말
훈장님 진지는 돌아가며 대접하고
하루 종일 글 읽는 소리 그치지 않았죠

천자문 하늘천 따지
한 권 책 공부 끝나면
시루떡 해서 돌려가며 먹고
동몽선습 외우고 쓰고
끝나면 명심보감
이후 소학 대학 중용 등
옛 학문 넓히며 실력 쌓았죠

118기 군대동기

각자 태어나고 성장 달라도
입대는 한날한시
근무지 다르고
병과 다른데

해병대란 이름 아래
굳게 뭉친 전우들
한 번 해병은 영원한 해병
신병 118기(1961. 6. 5. 입대)

힘들고 고된 훈련
생명 초개같이
명령에 죽고 사는 무적 해병대
부모 위해 나라 위해 맹세를 하고

형제 자식보다 전우애 먼저
힘든 군대 생활 잊을 만도 하건만
65년 전 우정 나누는 동기
부디 건강하고 우리 함께 갑시다

원망뿐인

목표 세우고
그 실현 위해
하얀 밤 설운 날들
부서진 꿈
웃고픈 나날들
가난 한탄하며
하늘을 원망했소

씨방 없는 꽃술
물가에 어리고
중천의 달 보며
홀로 지샌 멍울진 가슴
하소연할 곳 없어
암울한 눈자위만
하릴없이 흘겼소

방황

손 대면 부러지는
가지 붙잡고
무념이 달려온
수많은 나날
그리움만 한가득
남기고 간 자리
알맹이 잃고
빈 쭉정이만 남아
방황 수만 리

꽃길도 향기도
원망의 넋두리
잊고 산 세월
신앙도 아픔 있어
의지 못한 채 외면하고
강남 제비 마음으로
외로움 벗 삼아
웃음도 사치인 듯
오늘을 산다

머나먼 행복

전쟁 같은 삶
무엇과 비교할 수 없는 살벌함
자꾸만 축 처진 어깨
눈동자 껌벅거리고
태산처럼 쌓인 상념
자꾸만 게을러지는 심신
핑계 찾기에 바쁘다

평온함 또는 이즈러진 얼굴
보고 또 보며
머언 추억 되돌려
보람의 찰나 찾아봐도
없는 웃음 못남 탓하고
늦은 밤 삼경까지
웃음 찾아 삼만 리

실패한 인생의 탄식

평범한 바램
그저 남들처럼 살고픈
형이상학도 하학도 아닌
보통의 인간으로
어디를 찾아봐도
자랑할 것 하나 없이
가장 "나"다움 잊고 산
머언 나라 나그네였다

글이라고 끄적여도
내용은 어설프고
내세울 것 없는 사연
부끄러운 인생
속 시원히 울 수조차 없는
서툰 넋두리가
안개 낀 먼 산골짜기
울며 퍼집니다

불광천 한때

누군가 놓고 간 허무
물가에 어리고
흰 구름 한가로이 떠가는 하늘
하얀 갈대 꽃피어
산들바람에 춤춘다
시절 잃은 국화 꽃송이
황혼길 내 모습 닮아
동병상련의 아련함 속
곱게 물든 낙엽 같다

불광천 상류 콘바위 보행로 작업 한창
긴 빗자루 휘젓는 손 바다 청소하고
바위 위 백로 한 마리 털 고르기 한창
오리 열두어 마리 먹이 활동 바쁘다
뚱뚱한 중년 부부 숨 가삐 오가고
애완견 동행 아낙 한가롭다
계절 오가는 하늘 저 멀리
황혼녘 바라보는 시선 서글프다

얼룩진 가계부

조그만 소중함
힘든 하루 머물고
슬픈 어제가 숨 쉰다

헐벗고 굶주림 있고
함께하는 정 머물고
눈물로 마중하는 삶

때론 밤잠 반납하고
삭여야 하는 사연
그리움 숨 쉬는 절절함

고난의 순간
일상 기록
생생한 삶 표본

어제도 오늘도 내일도
계속되는 가계부
살아가는 산증인

해맞이 해넘이

마지막 한 장 남은 캘린더
외롭게 나부끼는 애중의 산물
그리운 보랏빛 꿈 접고
희망도 정도 잊은 채
한때나마 연분홍 꿈 키우고
가슴 한켠 조심스레 피워본 장미 한 송이

기약 없는 내일 접고
하릴없이 잊고 산 나날
살포시 띄워 보낸 일 년 열두 달
아쉬웠던 미련 붙잡을 겨를 없이
종착역 부정하는 가냘픈 희망
못 잊고 그리는 사랑의 오색 향연

못내 설레는 너와의 정
부푼 꿈 스러진 지 이미 오래
특별한 관심 없는 평범함 속
가는 세월 잊고 싶은 석양 나그네
구비 도는 정든 님 느릿한 황소 걸음에
서산에 해 지고 꿈마저 접습니다

스포츠 중계 후 실망

일신의 영달
국위선양
영광의 자랑
피와 땀 결정체
노력의 결과인데

나날이
낮아지는 실력
기대와 실망
반복되고
긴장의 연속이다

응원과 바램
욕망 못 채워
아쉬움만 남고
열망 뒤편
탄식만 깊다

* 축구 경기 본 후 실망하여

애수의 어느 날

비 오고 난 후
온화한 햇빛
바람 부는 오후
갈 곳 잃은 구름
산허리 걸려있고
고달픈 나그네
개어진 일상

어차피 지난 사념
낭사의 고요 속
떠나야 할 시간
다가오는데
갑자기 불어온
회오리바람
빗살무늬 파도 높다

찰나에 지나가는
침묵의 고요 속
한 많은 생에
목 메인 하소

뒤돌아보며
가만히 불러보는
애수 어린 노래

〈작품해설〉
노병은 죽지 않는다, 다만 시를 쓸 뿐

김순진(문학평론가 · 은평예총 회장)

〈작품해설〉
노병은 죽지 않는다, 다만 시를 쓸 뿐

김 순 진

 김가용 시인께서 벌써 아홉 번째 시집을 출간하신다. 대단한 노익장이다. 김가용 시인은 해병대 출신이다. 해병대를 생각하면 떠오르는 말이 "악이다. 깡이다."란 말이다. 여기서 "악"이란 '못되고 나빠서 도덕적 기준에 벗어난다'는 말이 아니라, '어떠한 경우에도 물러서지 않는 용기'를 말한다. 해병대 하면 악이 받쳐서 단체로 소리를 질러대는 모습이 연상된다. 그렇게 훈련된 해병대원들은 군복무 시절에만 그런 마음으로 살았던 것이 아니라 90을 바라보는 노인의 나이까지 평생 그렇게 해병대 정신으로 용기 있게 살아갈 수 있게 해주었다. "깡이다"에서 "깡"이란 "계란으로 바위치기의 무모함"에 빗대는 말이 아니라 도전해 보지도 않고 지레짐작해 포기하는 사람들을 향하여 "그 어떤 산이라도 넘을 수 있고, 어떤 파도가 몰아쳐도 헤쳐나갈 수 있다"는 자신감의 표현이다. "건강한 육체에 건전한 생각이 깃든다"란 말이 있다. 지금까지의 건강한 몸을 유시할 수 있었던 것은 그가 해병대를 자원했고, 해병대원이었기 때문에 가능한 일이었을 것이다. 김가용 선생의 몸에 밴 해병대 정신은 그를 건강한 육체를 유지할 수 있게 해주었고 건전한 생각으로 살 수 있게 해주었다. 우리는 흔히 주변에서 해병대원들이 봉사활동에 임하고 있는 광경을 자주 만난다. 크고 작은 행사장에 나와 봉사활동을 하고, 상습적인 교통체증 구간에 나와 해병대 제복에 빨간 모자를 쓰고 교통을 정리해 줄 때 우리는 모르는 사이에 그들에게 존경심이 우러나온다.

그런 해병대의 '악과 깡의 정신'과 '봉사 정신'은 김가용 시인으로 하여금 세 가지 영향을 주었다. 불굴의 의지로 시를 쓸 수 있게 해주었고, 전우를 사랑하듯 이웃과 가족을 사랑할 수 있었으며 자연을 스승으로 삼고 그 자연을 통해 삶의 지혜를 배우고 궁극적으로 시적 완성도를 높이게 했다.

노병은 죽지 않는다. 다만 시를 쓸 뿐이다. 그러면 이쯤에서 그의 시 몇 수를 읽어보면서 그의 문학적 내면세계를 관찰해보자.

1. 자연에게 배우다

반쯤 남은 걸까
반이나 생긴 걸까
보일 듯
보이지 않는 신기루
푸른 하늘 하얀 반달
가물거린 추억 속
먼 나라 가신 어머니 닮았다

누가 추억을 아름답다 했는가
슬픔 괴로움 중
아픔이 더 많았던
한으로 멍울진 삶
쌓여있는 과거들
망각하고픈 나날
경건해지는 마음

살아온 나날들
나아갈 앞날
보일 듯 희미한
안개 속 뿌우연
기억과 상상 속
꿈속 같은 길이기에
모두가 희미한 신기루

- 「낮에 나온 반달」 전문

달은 여러 가지 역할이 있다. 달의 크기에 따라 조수간만의 차가 다르다. 바닷가에 사는 사람들에게는 조금 달력이라는 것이 있다. 이 달력에는 조수간만의 차, 즉 언제 물이 들어오고 나가는 시간과 세기 등이 기록되어 있다. 말하자면 아무 때나 물이 들어오고 나가며, 높은 파도를 일으키고 방파제를 넘는 것이 아니라, 자연의 이치에 의해 예정되어 있는 것이다. 그래서 달은 우리 인간의 삶에 지극히 관여하고 도와주며 경고장을 날린다. 김가용 시인의 달 역시 단순히 하얗게 빛나는 달이 아니라, 때론 어머니 같고, 때론 경건하게 다가오며, 때론 신기루처럼 설레게 한다. "달"하면 떠오르는 노래가 있다. 윤극영 시인은 1924년 「반달」이란 노래를 지어 불렀는데 우리나라 최초의 동요가 되었고 벌써 100년이 흘렀다. "푸른 하늘 은하수 하얀 쪽배에 / 계수나무 한 나무 토끼 한 마리 / 돛대도 아니 달고 삿대도 없이 / 가기도 잘도 간다 서쪽 나라로"란 가사의 노래인데 이 노래는 시대상보다는 상상력이 돋보이는 시다. 그 이후 1932년에 윤석중 시인이 지은 「낮에 나온 반달」이 그 노래다. "낮에 나온 반달은 하얀 반달은 / 해님이 쓰다 버린 쪽박인가요 / 꼬부랑 할머니가 물길러 갈 때 / 치마 끝에 달랑달랑 채워줬으면"이란 노래인데 물동이를 이고 물을 기르던 시절에 맞춰 매우 유행되었던 노래이기도 하다. 이처럼 시는 그 시대의 생활상을 보여주기도 하고, 그 시대 사람들의 상상력을 보여주기도 한다. 전자의 시 「반달」에서 달나라에 토끼가 방아를 찧고, 계수나무가 박혀 있다는 전설이 우리 민족의 가슴 속에 살게 되었으니, 시의 역할이 얼마나 중요한가? 김가용 시인은 낮에 나온 반달을 얼마 남지 않은 자신의 인생에 비유하며 "반쯤 남은 걸까 / 반이나 생긴 걸까 / 보일 듯 / 보이지 않는 신기루 / 푸른 하늘 하얀 반달 / 가물거린 추억 속 / 먼 나라 가신 어머니 닮았다"며 언제인지 기억조차 가물한 어머니의 하늘나라 가시던 날을 떠올리며, 달이 "먼 나라를 가신 어머니를 닮았다"면서, 자신의 추억 속에 살고 계신 어미니를 미화한다. 가슴이 아려온다.

    둥글고 환한 달
    떨어질 듯 일렁이는 별
    쉼 없이 지는 별똥별 유성
    매캐한 모깃불 향
    개똥벌레 춤추는 밤
    초가지붕 위 하얀 박꽃
    돌담 타고 호박꽃 나풀대고
    집집마다 보리방아 절구 소리
    굴뚝 연기 피어오른 석양

    돼지우리 옆 먹딸기 익어가고

텃밭 하지감자 여물 때
돌담 밑 삼베 모시 무성하고
뽕나무 푸르던 밭둑
누에 살찌우고 누에고치 둥글게 키워
모시 비단 무명 길쌈하신 어머니
바쁘시던 모습 눈에 삼삼하고
잔잔한 바다 어부 노래 구성지고
호롱불 너울대고 여치 울음 구성졌다

- 「별밤의 추억(追憶)」 전문

 달이 하얗게 빛나고 별이 반짝일 수 있는 것은 해의 영향이다. 사람들은 두 가지 측면만 보는 경향이 있다. 즉 낮의 밝음과 밤의 어둠, 남과 여의 비교가 그것이다. 그런데 그것은 상호 공존의 법칙에 의해 서로의 부족한 점을 보완하면서 살아가고 있음을 간과하는 것이다. 태양은 빛을 비추어 만물을 자라게 하지만, 반대로 빛이 너무 강해 만물을 말라 죽게도 한다. 그럴 때 필요한 것이 밤이다. 밤은 휴식이다. 이 세상 모든 것들은 휴식이 필요하다. 휴식은 단순히 쉬는 것이 아니라, 내일의 새로운 도약을 위한 재충전의 시간이다. 재충전을 위해 몸을 누일 때쯤 볼 수 있는 것이 별이다. 별은 왜 반짝일까? 빛의 산란 때문이다. 공기 중의 물방울이 별을 빛나게 하고 흔들리게 하는 것이다. 말하자면 별은 그대로 있지만, 별빛이 대기를 통해 지구로 내려올

때 대기 중에 있는 무수히 많은 물의 입자들이 별빛이 흔들리는 것이 보이도록 해주는 데 이를 빛의 산란이라 말한다. 별빛이 산란할 때 우리의 마음도 산란한다. 결혼 후 아이들이 어렸을 적에 백운계곡으로 야영을 간 적 있다. 텐트를 치고 저녁밥을 해 먹고 실개천 위 다리 위에 앉아 하늘을 바라보는데 어찌나 많은 별들이 하늘에 박혀 있는지 30여 년이 지난 지금도 그날 밤의 별빛을 잊을 수가 없다. 그래서 나는 "회갑의 선물로 무얼 가지고 싶으냐?"는 아들의 물음에 "별을 관찰할 수 있는 허블망원경을 갖고 싶다"고 했고, 아들은 고가의 허블망원경을 선물해준 적이 있다. 그리고 나는 지금도 자주 그 망원경을 통해 별을 관찰한다. 우리는 흔히 성공한 사람들을 별, 즉 '스타'라고 말한다. 그래서 군인들은 모자에 별을 다는 것을 최고의 영예로 친다. 별 하나는 준장, 별 두 개는 소장, 별 세 개는 중장, 별 네 개를 장군이라 하지만, 별을 단 사람은 모두 장군이라 부르기도 하고, 별을 단 군인들이 지프를 타고 예하 부대를 방문하게 되면 사병들은 그들을 일컬어 스타가 떴다고 말하기도 한다. 그리고 우리는 연예인들, 즉 가수나 배우들을 스타라고 말한다. 그리고 그중에 최고의 인기를 구가하는 사람들을 톱스타라고 말하기도 한다. 그런데 박제영 시인은 시인들을 일컬어 "시인들은 잠시

지구에 유배된 별"이었다고 말한다. 그러니 김가용 시인은 이미 스타였으며 지구에 오신 지금도, 시집으로 오래오래 기억될 사후에도 별이시다.

2. 삶의 길목에서

> 들숨에 호흡하며
> 날숨 숨 고르며
> 고운 소리 낸다
> 반복된 롱톤
> 도레미파 운지 연습
> 좋은 소리 조율 속에
> 연습 매진하나
> 진척되지 않는 음의 연속
> 반복 속에 명인은 탄생하나 보다
>
> 흐르는 세월 속
> 늘어나는 주름과 백발
> 취미라고 하기엔
> 요원한 기대 속에
> 인내의 시간 흘러
> 좌절 수십 번
> 반복된 끈기와 노력
> 끝이 없는 종착역
> 아스라이 멀어지는 고난의 시간

- 「색소폰 연습」 전문

색소폰의 아름다운 음색은 저절로 이루어지는 것은 아니다. 김가용 시인의 삶의 관계가 원하기 때문에 아름다운 음색을 찾아 자주 연습실에 갈 수 있었고, 피나는 노력 끝에 많은 사람들 앞에서 연주할 수 있는 실력을 갖추게 된 것이다. 우리는 색소폰 연주자가 조금만 연습을 게을리해도 연주 중에 흔한 말로 '삑사리' 나는 음색의 연주를 듣는 경우를 자주 만나게 된다. 연습만이 그것을 피할 수 있으니 얼마나 많은 연습이 필요한가는 가히 가늠이 가지 않는다. 색소폰의 구조는 크게 세 부분으로 나눌 수 있다. 첫 번째가 '마우스피스' 부분이다. 말 그대로 입을 대고 색소폰을 불 수 있는 부분으로 마누라는 빌려줘도 색소폰은 안 빌려준다는 우스갯소리도 있다. 그만큼 마우스는 호흡기 건강과 직결되는 문제이기도 해 매우 중요하다. 두 번째로 '넥' 부분인데, 넥은 제조자의 능력이나 성격에 따라 음색이 달라질 수 있고 음질을 향상시키려면 '넥' 부분만 따로 구매해서 사용하면 된다고 한다. 세 번째로는 음을 크고 굵게 만들어서 내보내는 몸체 부분으로 바디의 유브와 U자 관, 그리고 벨로 구성되어 있는데, 색소폰의 몸체는 악기의 종류에 따라 대략 25개 내외의 음공이 뚫려 있고, 이는 키로 덮여 있는데 연주자는 이 음공을 덮고 엶으로써 아름다운 음악을 연주할 수 있게 된다. 김가용 시인은 색소폰을 연주하지만, 또 한 가지 연주하는 악기가 있다. 바로 아코디언이다. 모두 일장일단이 있지만, 아코디언의 연주는 얼마나 아름다운가? 그런 아름다운 연주를 위해 또 얼마나 많은 연습이 필요한가? 아코디언은 건반악기로서 가슴에 악기를 메고 한 손으로 바람을 넣으면서 연주하는 악기다. 한쪽에는 건반이 있고, 한쪽에는 베이스 건반이 있다. 그리고 그 사이에 공기를 넣었다 뺏다 하며 조절할 수 있는 주름 공기주머니가 있다. 그 많은 부분을 자유롭게 넘나들며 바람까지 넣어가며 연주하는 아코디언 연주자들을 보면 정말 부러울 때가 많다. 우리나라는 선진국으로 집집마다 피아노를 사놓을 수 있는 경제적 수준이 가능하지만, 상대적으로 절대빈곤에서 벗어나지 못하는 북한 사람들이 피아노를 가질 수 없어서 아코디언으로 연주하는 것을 보면 어쩐지 측은한 생각이 들기도 한다. 그러나 김일성, 김정일, 김정은으로 이어지는 삼대의 세습 체제를 찬양하는 음악을 연주하든, '반갑습니다'란 북한의 대중가요를 연주하든 그 가늘고 여린 손으로 마음대로 아코디언의 건반을 오르내리며 연주하는 탈북 여성들을 보면, 억압된 체제에서도 음악으로 성공한 사람들이 대단해 보이기도 한다. 나는 김가용 시인께서 색소폰과 아코디언을 연주하는 것을 보며 부러운 나머지 기타 연습을 시작해 이제 부끄럽지만, 기타를 메고 행사에 나갈 수 있는 수준이 되었다. 노력하는 사람들은 모두 아름답다.

> 해군은 UDT대원 폭탄 제거작업 및 작전
> 육군은 공수부대 적진 침투 후 작전하지만
> 해병 수색대는 적진 침투 임무 수행하며 4~5천 피트 상공에서 수시 점프 훈련
> 엄동설한 도하 훈련 및 수중 작전에 매진해야 합니다
> 주 임무는 상륙훈련 LVT 및 LST 함정이
> 적들의 연안 해안에 병력 내리고 LST는 떠나버린다
> 앞에는 적 뒤에는 바다 죽기 아니면 살아야 하기 때문
> 강해질 수밖에 없는 군의 구조다
> 귀신 잡는 해병 무적 해병 등 이승만 대통령의 휘장 등
> 신화를 남긴 해병 귀신 잡는 해병
> 한 번 해병은 영원한 해병이기에
> 월남전에서도 승승장구 국위 떨치고
> 제대 65년이 다 되어도 자부심으로 매월 모임을 갖고 있으며 야간 순찰 등 국가 사회 활동하며 무적 해병의 긍지로 오늘을 산다
> 어느덧 1306기의 수료식을 보았다
> 전역 해병 100만 명의 아직 쟁쟁한 해병으로 오늘을 산다
> 해병대는 당신의 자랑이듯 해병도 당신이 자랑이다
> 한 번 해병은 영원한 해병이다는 자부심으로
>
> -「최강 해병의 자부심」 전문

앞서 말한 바와 같이 김가용 시인은 해병이다. 한 번

해병은 영원한 해병이다. 그리고 그들이 말하는 "노병은 죽지 않는다, 다만 사라질 뿐이다."란 말 속에는 엄청난 진실이 들어있다. 최근에 한강 작가가 한 말이 크게 유행된 말 "과거는 미래를 돕는다"는 말은 곧 "노병은 죽지 않는다. 다만 사라질 뿐이다."와 일맥 생통할 수 있는 말이라는 생각이 든다. 현재의 사람들은 미래에 기여할 수는 있어도 과거를 아무리 돕고 싶지만 도울 수는 없다. 죽은 어머니의 시절로 돌아가 물동이 대신 수도를 놔드릴 수도 없고, 아궁이와 무쇠솥으로 대표되는 지난한 여인의 삶 대신 전기밥솥을 사드릴 수도 없다. 무명옷을 짜며 베틀에 앉아 있는 어머니를 베틀에서 내려오라 해 시장에 가서 옷을 사드릴 수도 없는 노릇이다. 그러나 과거는 미래를 돕는다. 한 번 해병은 영원한 해병이란 말, 그 말에는 전역해서도 평생동안 사회에 기여하고 봉사하며 살겠다는 굳센 맹세와 죽어서도 고국을 사랑하고 아끼겠다는 선연한 각오가 서려 있다. 최근 취임한 이재명 대통령이 현충일 현충원에서 한 추념사에서 제복 입은 분들의 수고와 고마움을 잊지 않겠으며 그들의 희생을 국가에서 알아주고 적당한 대우를 해주겠다는 말에 감동했다. 우리 아버지도 국가유공자였다. 6.25전쟁에 참여해 빗발치는 총탄 속에서 참호를 넘나들며 국가를 지켜냈으나, 국가유공자라는 허울 좋은 이름과 모자에 달아준 배지뿐, 예우라고는 고작 10만 원 남짓의 국가유공자 수당이 전부인 체 돌아가셨다. 현역 병장이 100만 원이 넘는 월급을 받는 것을 감안한다면, 정말 조족지혈 같은, 그야말로 생색내기의 예우다. 이재명 정부가 얼마나 행상된 예우를 해 줄는지는 잘 모르겠지만, 그나마 그런 사정을 대통령과 국가가 파악하고 있고, 판단했다는 점에서 김가용 시인 같은 분들이 노후 걱정 없이 좀 더 윤택한 생활을 할 수 있게 되기를 기대해 본다.

   어머니는
   무쇠솥과 더불어 사셨다
   아래 샘에서 물 길어오시고
   솥에 부어 끓이시고
   식구 먹일 국과 밥하시느라
   아궁이 불길 꺼지지 않고
   매캐한 연기와 함께 보내셨다

   들에 나가 밭일 후
   무채 썰어 조물조물 반찬으로
   어머니의 손맛 곁들여 꿀맛
   식구들 식사 밭일 빨래 쉼 없는 나날
   무거운 꼬막 이고 삼십 리 벌교장에
   노고 속 평생을 헌신하신 모정
   그립습니다, 어머님

먼 나라 그곳에선
편히 쉬시옵소서
부디부디

- 「어머님의 추억(追憶)」

　누구에게나 어머니는 소중하고 귀하다. 누구에게나 어머니는 위대하고 거룩하다. 살을 찢는 고통이 수반되는 산통이야 어찌 남자들이 가늠할 수 있겠는가? 이 세상 모든 훌륭한 남자들은 어머니의 진자리 마른자리 갈아 뉘신 손길에 의해 길러졌고, 젖몸살을 앓으며 자신의 피부를 뚫고 나오는 젖 먹여 키우신 거룩하신 몸에 의해 성장되었다. 그래서 이 세상 모든 숭고한 문학적 소재들 중에 '어머니'라는 소재는 단연 작가들이 가장 많이 써내는 단골 이슈이며 언제건 퍼내도 마르지 않는 샘이다. 그리스 로마 신화 속에 레아는 신들의 어머니로서 크로노스의 아내이자 올림푸스 신들의 어머니인 그녀는 오늘날까지 많은 이들에게 경외의 대상이 되고 있다. 우리나라에 신사임당은 자식을 훌륭히 기른 우리나라 최고의 어머니로 대표되며 가장 비싼 지폐 5만 원권의 모델이 되었다. 러시아의 작가 막심 고리끼는 『어머니』라는 소설을 써 러시아문학의 창시자로 불린다. 주인공 벨라케야는 억눌린 삶 속에 말없이 살아가는 노동자의 아내이자 한 청년의 어머니로서 어머니의 사랑이 사람을 어떻게 변화시키고 영향력을 행사할 수 있는지 심도 있게 보여준다. 나 역시 중3 때 돌아가신 어머니에 대한 수많은 시와 소설을 창작하였다. 그런 것처럼 노인의 나이인 김가용 시인에게도 어머니란 바꿀 수도 바꾸지도 않는 종교이며 탈퇴하지 못할 신앙이다. 어머니에 대한 그리움은 나이가 들수록 점점 심해져서 어떤 사람은 어머니에 대한 그리움으로 병을 얻기도 한다. 그러나 김가용 시인의 이런 어머니에 대한 시는 치유 효과로 나타나 오히려 긍정적인 반응으로 보이기도 한다.

> 옛날엔 삽살문 밖 헛기침
> 온 집안 긴장하고
> 대청마루 어른 밥상
> 구들목 의례 어른 자리
> 한 집안 대들보
> 율문법의 상남자
>
> 돌담 밑 줄지어
> 목단 꽃 피고
> 뒷동산 부엉이
> 정적 깨는 개 짖는 소리
> 병아리 어미 따라
> 삐약대는 한낮 풍경
>
> 오늘날 현관문 들어서면

발소리 죽이고
말노 가녀 하며
눈치 보는 늙은이
숨겨진 존재 아빠로
하루를 마감한다

- 「아버지의 변화」 전문

　어머니가 자주 사용하는 문(門) 같은 존재라면 아버지는 늘 그 자리에 서 있는 문설주 같은 존재다. 간단히 생각하면 문설주는 그리 효용이 없어 보인다. 문은 쉴 새 없이 '열렸다, 닫혔다.'를 거듭하며 우리를 안으로 들여보내기도 하고, 밖으로 내보내기도 한다. 그러나 문설주가 부실하다면 문은 제 역할을 할 수 없다. 문이 우리를 안으로 오랫동안 들여보내면 휴식이고, 밖으로 오랫동안 내보내면 생산 활동이다. 앞서 말한 바와 같이 부모란 우리 인간에게 떼려야 뗄 수 없는 관계다. 이 세상 모든 만물에는 부모가 있다. 코스모스 꽃에게도 작년에 씨앗을 맺었던 모체의 꽃이 있고 자작나무 묘목에게도 작년에 맺혔던 씨앗의 모체 나무가 있다. 인간에게 긍정적 역할을 하는 꽃과 나무, 벌과 나비뿐만 아니라 부정적 역할을 하는 바퀴벌레나 모기까지 모체가 있다. 사마귀는 새끼가 어미의 몸을 뜯어먹고 성장한다고 한다. 문어는 알을 낳은 후에 반드시 죽는다고 한다. 알을 보호하는 동안 문어는 먹지도 않고 쉴 새 없이 알에 산소를 공급하며 외부로부터 알을 방어하다가 수주(周)에 걸쳐 문어는 점점 쇠약해지며 마침내 알이 부화될 시점에 결국 죽음을 맞이하게 된다는 것이다. 그러나 동식물들에게 있어서 아버지는 씨앗을 주는 매우 중요한 역할을 한다. 모든 동식물을 포함한 범주에서의 아버지란 개념은 외부의 위협으로부터 가족을 보호하고, 함께 집을 지으며 먹이를 사냥해 새끼를 길로 그 종족이 자손만대 이어지는데 결정적인 역할을 한다. 아버지는 일을 한다고 해서 아버지이거나 놀고먹는다고 해서 아버지가 아닌 것이 아니다. 화투 치고 술 먹는 아버지와 자상한 아버지 사이에서 우리는 곧잘 아버지의 역할과 위상에 대하여 갑론을박하지만 결국 아버지는 나를 있게 해주신 분이란 점에서 아버지의 과오는 아버지의 인생에 관한 문제이지 나와 아무런 상관이 없다. 그럼에도 우리 자식들은 가끔 무능이나 도덕을 이유로 아버지의 과오를 문제 삼지만, 그것은 그 시대에 그렇게 살 수밖에 없는 환경을 몰인식하고 내린 내 편의주의에 의한 판단이지, 아버지가 그럴 수밖에 없는 상황이었음을 이해하려던 노력이 더욱 필요하다. 나이가 들수록 우리는 그런 점에 주목한다.

이상에서처럼 김가용 시인의 시 몇 수를 읽어보면서 그의 예술세계를 가늠해 보았다.

해병대 출신으로 평생 봉사로 일관해 온 김가용 시인의 시세계를 나는 이 시집에서 나타난 세 가지 방향을 바라보았다. 첫 번째는 '불가능이란 없다'라는 명제 하에 '악'과 '깡'의 해병대 정신으로 끊임없이 시도하고 새로운 방법을 모색해 나가는 도전 정신이다. 두 번째로는 색소폰과 아코디언, 그리고 호루라기를 불며 어느 곳이고 그를 필요로 하는 곳이면 나아가 봉사해 주는 봉사 정신이다. 세 번째로는 끊임없이 이웃을 사랑하고 전우를 챙기며 가족에 대하여, 전우에 대하여, 이웃에 대하여 사랑하고 감사하는 사랑 정신이다.

아홉 번째 시집의 상재를 진심으로 축하드린다.

김가용 제9시집

별밤의 추억

초판발행일 2025년 6월 20일

지은이 : 김가용
발행인 : 김순진
편집장 : 전하라
디자인 : 김초롱
펴낸곳 : 도서출판 문학공원
등 록 : 2004년 3월 9일 제6-706호
주 소 : (우편번호 03382) 서울 은평구 통일로 633
          녹번오피스텔 501호 스토리문학사
전 화 : 02-2234-1666
팩 스 : 02-2236-1666
홈페이지 : https://blog.naver.com/ksj5562
이메일 : 4615562@hanmail.net

※ 책값은 뒤표지에 있습니다.
※ 이 책은 전부 또는 일부 내용을 재사용하려면 반드시 저작권자와 문학공원의 동의를 받아야 합니다.
※ 저자와의 협의에 의해, 인지는 생략합니다.